Terapia conductual dialéctica

Una guía de DBT para controlar las emociones, la ansiedad, los cambios de humor y el trastorno límite de la personalidad, con técnicas de atención para reducir el estrés

Tabla de contenido

Introducción

Tómese un momento y piense en una vida sin enojo, decepción, estrés, angustia, frustración o cualquier otra emoción indeseable. Piense en lo maravillosa que sería su vida si pudiera controlar sus emociones. Incluso si parecen incontrolables en un momento, puede aprender a regularlas. Vivir una vida como esta ciertamente suena genial, ¿no? Si quiere hacerlo, este es el libro perfecto para usted.

Hay una variedad de emociones que todos experimentamos; algunas de ellas son deseables, mientras que otras son indeseables. Las emociones tienden a influir directa o indirectamente diferentes aspectos de nuestra vida. Dado que nuestros pensamientos a menudo se basan en nuestras emociones, puede resultar difícil mantener la mente clara cuando las emociones son intensas. La incapacidad para hacer frente a emociones intensas puede obstaculizar rápidamente su capacidad para llevar una vida feliz y sin estrés.

Millones de personas en todo el mundo sufren de una variedad de trastornos de regulación de las emociones como el trastorno límite de la personalidad (TLP), el trastorno obsesivo compulsivo (TOC), el trastorno de estrés postraumático (TEPT), la ansiedad y la depresión. Si está cansado de permitir que sus emociones definan sus decisiones y desea aprender a controlarlas, el método DBT será útil. DBT son las siglas de Dialectical Behavior Therapy. La Dra. Marsha Linehan desarrolló el concepto de DBT, y es un tratamiento clínicamente probado y basado en la evidencia para la regulación de las emociones y el manejo de emociones intensas.

Este libro es ideal para cualquiera que quiera aprender más sobre DBT. La información incluida en este libro se presenta de manera fácil de entender, haciéndolo ideal para principiantes y expertos. Este libro es una guía de referencia sobre DBT y atención plena. La información actualizada, junto con las diferentes técnicas (incluida la atención plena) para tratar diversos trastornos mentales, marca la diferencia con otras guías disponibles en el mercado. La atención plena no es solo una parte integral de DBT; es vital para su bienestar general. La atención plena le enseña a vivir su vida en el presente, en lugar de en los pensamientos preocupantes sobre el pasado o el futuro. Si no puede vivir su vida en el presente, sus patrones de pensamiento estarán plagados de negatividad y ansiedad. En este libro, aprenderá sobre la historia de DBT, el significado y los principios básicos de DBT, los beneficios que ofrece, los diferentes tipos de problemas de salud mental y cómo se puede usar DBT para abordarlos y manejarlos. La conciencia sobre la salud mental aumenta constantemente y, con ella, se identifican nuevos trastornos. Atrás quedaron los días en que los problemas de salud mental se consideraban un tabú. Desde lidiar con TLP hasta abordar el TOC y la ansiedad, pasando por controlar el TEPT, las inseguridades, las fobias y la depresión, este libro tiene todo lo que ha estado buscando. Todos los consejos prácticos y técnicas que se dan en este libro se centran en la atención plena y la DBT. Todo lo que se requiere es un compromiso serio, así como tiempo, esfuerzo, paciencia y constancia, para manejar cualquier emoción difícil o desagradable.

Si desea hacerse cargo de su vida y manejar sus emociones sin dejar que lo abrumen, permítanos comenzar de inmediato.

Capítulo uno: Terapia dialéctica conductual y atención plena para manejar las emociones

La terapia dialéctica conductual (DBT) es una forma de terapia cognitivo-conductual originalmente para ayudar a las personas que padecen el trastorno límite de la personalidad (TLP). El objetivo principal de DBT es enseñar a una persona a vivir el momento, afrontar el estrés, regular las emociones y mejorar las relaciones consigo mismo y con los demás. Aunque originalmente estaba destinado a personas con TLP, en estos días, se usa para cualquier otra condición de salud en la cual un individuo exhibe cualquier forma de comportamiento autodestructivo o abuso de sustancias. Por lo tanto, es seguro decir que DBT puede ayudar a cualquier persona a manejar y controlar sus emociones de manera constructiva.

La premisa detrás de este enfoque es que algunos individuos tienden a reaccionar intensa y desproporcionadamente ante determinadas situaciones. Especialmente, situaciones emocionales asociadas con diferentes relaciones en sus vidas. La teoría de DBT sugiere que ciertos individuos tienen niveles de excitación más rápidos respecto a ciertas situaciones que un individuo promedio. Por lo tanto, experimentan un mayor nivel de estimulación emocional y tardan un poco más que un individuo promedio en regresar al estado normal.

Historia

La Dra. Marsha Linehan y sus colegas acuñaron el concepto de DBT durante la década de 1980. Descubrieron que ciertos aspectos de la terapia cognitivo-conductual (TCC) no eran suficientes para los pacientes diagnosticados con TLP. Entonces, la Dra. Linehan, junto con su equipo, idearon varias técnicas y una nueva línea de tratamiento para ayudar a satisfacer las necesidades únicas de las personas con TLP. El concepto principal de esta técnica se basa en procesos filosóficos conocidos como «dialéctica». La dialéctica sugiere esencialmente que todas las cosas están constituidas por opuestos, y el cambio ocurre cuando una fuerza es mayor que la fuerza opuesta. En términos académicos, puede nombrarse como tesis, antítesis y síntesis. La dialéctica se compone de tres supuestos básicos, y son los siguientes:

- Todo está interconectado.
- El cambio no solo es constante sino inevitable.
- Todos los opuestos pueden integrarse para formar una aproximación cercana a la verdad.

En DBT, el paciente, junto con el terapeuta, trabajan activamente en la resolución de las contradicciones entre la autoaceptación y el cambio, para lograr un cambio positivo en el paciente. La Dr. Linehan y sus colegas también idearon otra técnica conocida como «validación». Observaron que cuando la necesidad de cambio se suma con la validación, aumenta la cooperación del paciente y se reduce la angustia asociada con afrontar el cambio.

Componentes de DBT

Hay tres componentes de DBT, y son los siguientes.

DBT está orientada al apoyo. Básicamente, permite a una persona identificar sus fortalezas y desarrollarlas para que no solo se sienta mejor consigo mismo, sino con su vida en general.

DBT tiene una base cognitiva. Ayuda a una persona a aprender habilidades para identificar sus pensamientos, creencias o suposiciones, que le dificultan la vida. Por ejemplo, un pensamiento como «Soy una persona terrible si me siento enojado» o «Necesito ser bueno en todo, y cualquier cosa que no sea perfecta es desagradable», puede hacer inmediatamente que cualquiera se sienta mal consigo mismo o con su vida. DBT permite a las personas identificar esos patrones de pensamiento y reemplazarlos con diferentes otros que harán su vida más llevadera. Por ejemplo, los patrones de pensamientos negativos discutidos anteriormente pueden ser reemplazados por unos más constructivos como: «No necesito ser perfecto para agradar a los demás» o «La ira es una emoción normal que todos experimentan». Se requiere mucha colaboración en DBT. Su éxito depende esencialmente de la relación entre el cliente y el terapeuta. En DBT, se anima a las personas a resolver los problemas en sus relaciones con la ayuda de un terapeuta. En DBT, un individuo necesita realizar su tarea, probar diferentes actividades sugeridas por el terapeuta y practicar ciertas habilidades para tranquilizarse cuando está molesto. Todos estos aspectos son cruciales para DBT y se enseñan en conferencias o sesiones semanales seguidas por una revisión. DBT es una excelente manera de reconfigurar el cerebro y reemplazar patrones de pensamiento dañinos con patrones positivos. Lo cual, a su vez, tendrá un efecto positivo general en la vida del individuo.

¿Cómo funciona DBT?

DBT se ha convertido en un tipo regular de terapia cognitivo-conductual. Un curso regular de DBT toma alrededor de 24 semanas, pero hay diferentes duraciones para el tratamiento. Es una cuidadosa combinación de sesiones individuales y grupales. Siempre que un individuo opta por DBT, se espera que participe en los tres escenarios terapéuticos, como se menciona a continuación.

Al individuo se le enseñan, en un salón de clases, ciertas habilidades de comportamiento a través de tareas, junto con diferentes formas de juego de roles para interactuar con los demás. Por lo general, dura entre dos y tres horas semanales.

En la terapia individual, un profesional o terapeuta capacitado utiliza las habilidades conductuales enseñadas en las sesiones anteriores para ayudar a la persona a superar cualquier desafío personal de su la vida. Estas sesiones se desarrollan en simultáneo al trabajo del aula. Una sesión de terapia habitual dura hasta 60 minutos y se realiza una vez a la semana.

La tercera opción es el coaching de turno. El enfoque de turno permite que una persona busque a su terapeuta entre sesiones para recibir orientación y hacer frente a las dificultades que enfrentan en el momento.

DBT no solo es útil para el paciente sino también para el terapeuta. A menudo ofrece apoyo a los terapeutas mientras atraviesan problemas complicados; pueden reunirse con un equipo de consulta para mantener alta su motivación mientras tratan los pacientes.

Módulos de DBT

Efectividad interpersonal

Si desea ser más asertivo en cualquier relación de su vida, la eficacia interpersonal es esencial. Se trata de lidiar consigo mismo, respetarse a uno y a quienes lo rodean. Le permite comprender sus límites mientras mantiene relaciones saludables y positivas. Esto ocurre cuando comienza a escuchar y comunicarse de manera efectiva y eficiente.

Aquí tiene un ejercicio simple que puede probar. Si desea mejorar sus relaciones a través de la comunicación positiva, utilice el acrónimo GIVE (Dar en inglés). GIVE significa *gentle, interest, validation, and easy* (gentil, interés, validación y facilidad). Mientras se comunica con los demás, sea amable y nunca juzgue, ataque o amenace a la otra persona. Muestre siempre interés a través de buenas habilidades de escucha. Podría ser tan simple como escuchar sin interrumpir mientras la otra persona habla. Lo tercero a tener en cuenta es la validación. Independientemente de si está de acuerdo o en desacuerdo con los sentimientos o pensamientos de la otra persona, reconózcalos siempre. Lo último que debe tener en cuenta es ir con calma. Tenga siempre una actitud tranquila en la vida, sonría con más frecuencia y no se tome las cosas demasiado en serio.

Atención plena

La atención plena es quizás el principio más importante de DBT. Permite concentrarse solo en el presente y comenzar a vivir la vida en el momento. Al hacer esto, puede notar fácilmente todos sus pensamientos, sentimientos o sensaciones que experimenta, sus impulsos y el mundo que lo rodea. La atención plena esencialmente le permite calmar su mente y encontrar mecanismos saludables para afrontar y lidiar con el caos emocional o el dolor. También le permite mantener la calma y evitar involucrarse en patrones de pensamientos negativos o conductas impulsivas.

Aquí hay un ejercicio simple que puede probar. Para desarrollar la atención plena, comience a concentrarse en su respiración. Observe cómo se siente cada vez que inhala y exhala. Observe la forma en que su vientre sube y baja al inhalar y exhalar. Poner toda la atención en la respiración, le permite mantenerse conectado con el momento, mientras deja ir los pensamientos innecesarios.

Regulación emocional

Como sugiere el nombre, la regulación de las emociones se trata de comprender y regular sus emociones. A menos de que lo haga, no podrá mantener su bienestar emocional. Le permite ajustar sus emociones, junto con su intensidad, y regular sus respuestas. Al observar y hacer frente a las emociones negativas, puede aumentar la probabilidad de tener experiencias emocionales positivas, al tiempo que reduce la vulnerabilidad emocional innecesaria.

Aquí tiene un ejercicio simple que puede probar. Tómese un momento y observe cómo se siente y piense en lo contrario de lo que esté sintiendo. Si se siente triste y quiere alejarse de su círculo habitual de amigos, intente hacer lo contrario. En lugar de retirarse, haga planes para conocer a sus seres queridos.

Tolerancia a la angustia

Un problema común a muchas personas es aceptarse a sí mismos y a todas las situaciones de su vida actual. La tolerancia a la angustia le enseñará a tolerar o superar cualquier crisis utilizando técnicas simples como auto-calmarse, distraerse, moverse o pensar en los pros y contras. La tolerancia a la angustia le brindará las habilidades necesarias para hacer frente a las emociones angustiantes e intensas, mientras ve la vida de manera positiva.

Aquí tiene un ejercicio simple que puede probar. Para mejorar sus habilidades de tolerancia a la angustia, intente poner su cuerpo a cargo para variar. Si está sentado en el interior, salga un rato. Si está sentado en el escritorio, dé un paseo corto. También puede intentar subir y bajar un tramo de escaleras. Básicamente, se trata de distraer su mente permitiendo que sus emociones fluyan libremente por su cuerpo.

Beneficios de DBT

Quizás el beneficio más significativo de DBT es que ayuda a obtener una comprensión más clara de las emociones y la capacidad de hacer una pausa y controlarlas. Si puede aceptar su realidad y entender las cosas tal como son, sin recurrir a reacciones intensas, la tendencia hacia comportamientos destructivos se reducirá. Aparte de este, presentaremos otros beneficios de DBT.

DBT le permite al individuo ser menos crítico. Una vez que deje de juzgar y adopte una postura neutral sobre sí mismo y el mundo que lo rodea, estará mejor preparado para regular las emociones. Asumir una postura sin prejuicios lo hace menos susceptible a ser gobernado por sus emociones. También se cree que DBT puede ayudar a frenar o reducir significativamente cualquier pensamiento suicida u otros comportamientos destructivos.

Una vez que haya completado con éxito todo el programa DBT, estará en una mejor posición para formar y cultivar relaciones duraderas. Mantener relaciones sólidas y constantes sin duda ayuda a la salud mental.

DBT también le permite desarrollar una imagen propia saludable. Una vez que empiece a sentirse mejor consigo mismo, reducirá la necesidad de entregarse al abuso de sustancias. Aparte, se le ocurrirán mecanismos más saludables, en lugar de destructivos, para afrontar con los acontecimientos de la vida cotidiana.

En lugar de dar rienda suelta a sus emociones, aprenderá a manejarlas con éxito. También aprenderá técnicas para ser asertivo de una manera constructiva y desarrollará técnicas simples para manejar cualquier conflicto personal. La autoaceptación también es un beneficio que ofrece DBT. Por ejemplo, una vez acepte que tiene ciertos defectos, y que estos defectos no lo convierten en una mala persona, se sentirá mejor.

DBT y Atención Plena

La atención plena se trata de prestar atención a lo que sucede en el momento. Se trata de vivir la vida en el presente, sin pensar demasiado en el pasado o preocuparse por el futuro. La mayoría tiende a vivir la vida en piloto automático. Al usar la atención plena, cambiará el modo de piloto automático y aprenderá a saborear cada momento de la vida. Por ejemplo, cuando vive su vida en piloto automático, puede viajar de un destino a otro y no recordar ni una sola parte del viaje. Con la atención plena, tomará conciencia no solo de sus pensamientos, sino también de todas sus acciones.

Puede haber casos en los que se sienta un poco abrumado por sus emociones. La atención plena le permite alejarse de sus sentimientos y analizar cuidadosamente la situación en cuestión. Una vez que entienda lo que sucede, podrá evitar fácilmente que sus emociones se salgan de control. No solo lo que sucede dentro de usted, sino también en el mundo fuera. Tendrá una idea más clara de sus pensamientos, sensaciones, sentimientos e impulsos, y usará todos sus sentidos mientras vive su vida. Algunos de los beneficios que ofrece la atención plena incluyen: reducir las distracciones; aumentar la regulación emocional; reducir pensamientos innecesarios; lidiar con las emociones y la ansiedad o la depresión; reducir las emociones desagradables; y el aumento de la actividad cerebral asociada con emociones positivas.

Entonces, ¿qué tiene que ver la atención plena con la DBT? Como se dijo anteriormente, la atención plena forma la columna vertebral de la terapia conductual dialéctica. De hecho, es la primera habilidad que generalmente se enseña en DBT. Sin atención plena, será imposible cambiar los patrones de pensamiento, sentimiento y comportamiento de larga data. También le permite regular sus emociones y superar situaciones difíciles en la vida, sin empeorarlas.

También es fundamental para regular cualquier conflicto interpersonal.

Capítulo dos: Trastornos emocionales y de salud mental: Señales a tener en cuenta

Siempre que hablamos de salud, tendemos a pensar en dolencias físicas o mentales. Sin embargo, hay un tercer aspecto de la salud que incluye la salud emocional. No mucha gente se da cuenta de la importancia de la salud emocional. De hecho, los términos salud mental y salud emocional se utilizan a menudo como sinónimos. Existe una diferencia entre los dos. Ciertas áreas de la salud mental y la salud emocional se superponen y comparten ciertas similitudes, pero son dos conceptos bastante diferentes. Su bienestar general depende del equilibrio entre su salud emocional, mental y física.

Dos aspectos importantes de su personalidad que influyen en la salud mental son su capacidad para procesar y razonar. Necesita un fuerte sentido del razonamiento para comprender sus emociones, regularlas y prevenir la inestabilidad. Todas las decisiones que tome sobre cómo desea reaccionar ante diferentes escenarios deben procesarse cuidadosamente para evitar estrés y ansiedad innecesarios. Cualquier desequilibrio tiende a poner su salud en un estado precario, lo cual influye en su capacidad general para funcionar de manera óptima. Entonces, ¿qué es la salud mental?

Las habilidades de pensamiento cognitivo y la capacidad de mantenerse concentrado están asociadas con la salud mental. Estas habilidades también involucran su capacidad para almacenar información, procesarla y comprenderla. Sí, el bienestar psicológico, emocional y social son todos aspectos de su salud mental.

A veces, las personas pueden experimentar ciertos problemas asociados con la salud mental, que influyen negativamente en su pensamiento, estado de ánimo y comportamiento general. Se cree que uno de cada cinco adultos en los Estados Unidos sufre de algún tipo de trastorno mental cada año. Existen diferentes tipos de trastornos mentales, como esquizofrenia, depresión, trastorno bipolar, etc. Aprenderá más sobre estos en la siguiente sección. Algunos de los síntomas más comunes de inestabilidad en la salud mental son cambios de humor agudos, abuso de alcohol, uso de drogas, alucinaciones, pensamientos dañinos, tendencias suicidas, alejamiento de la sociedad, falta de energía, sentimientos de desesperanza, sueño excesivo, falta de sueño, y la incapacidad para realizar las tareas habituales de manera eficaz.

Entonces, ¿qué es la salud emocional? La salud emocional implica el funcionamiento psicológico. Se trata de entenderse a uno mismo, sus emociones y de expresarlas de manera apropiada según la edad. Su comportamiento, pensamientos y sentimientos, tanto internos como externos, se incluyen en su salud emocional. Controlar sus emociones, evaluar sus reacciones y prevenir el estrés innecesario son elementos esenciales para controlar su salud emocional. Mantener la salud emocional es un proceso continuo. Si quiere llevar una vida sana y feliz, no puede darse el lujo de ignorar su bienestar emocional.

Los conceptos de salud emocional y mental son distintos, pero a menos que haya cohesión entre ellos, no se encontrará un equilibrio. Al manejar eficazmente su salud emocional y mental, puede minimizar la ira, el estrés, la ansiedad, el miedo, la preocupación o cualquier otra emoción desagradable. Todos tendemos a experimentar cientos de emociones y pensamientos a diario. La mayoría de las decisiones que tomamos se basan en estas emociones y pensamientos. Provienen de nuestra capacidad para razonar cognitivamente y procesar toda la información que recibimos de situaciones específicas. Por eso, es fundamental que comprenda los diferentes aspectos de su vida, para mejorar. Estos dos aspectos complementarios, aunque distintos, de su salud trabajan juntos para garantizar su bienestar general. Aparte de esto, influyen en la forma en que interactúa y se comunica consigo mismo y con los que le rodean.

La terapia conductual dialéctica proporciona ciertas técnicas y tácticas que puede utilizar para mejorar su salud emocional y mental. Eso, a su vez, mejora su cociente emocional al tiempo que mejora la calidad general de su vida.

Tipos de trastornos de salud mental y emocional

Hay varios tipos de trastornos de salud mental y emocional. Hoy en día, la conciencia de la gente sobre la importancia del bienestar emocional y mental está aumentando constantemente. Atrás quedaron los días en que los problemas asociados con la salud mental se consideraban tabú. Toda la investigación y el desarrollo en curso en este campo tienen como objetivo mejorar la calidad de vida general de un individuo. Conocer los siguientes trastornos emocionales y de salud mental lo colocará en una mejor posición para evaluar su bienestar emocional y mental.

Trastornos del estado de ánimo

Los trastornos del estado de ánimo también se conocen como trastornos afectivos. Implican sentimientos de niveles constantes y extremos de tristeza o felicidad y fluctuaciones extremas en el estado de ánimo general. El trastorno bipolar, el trastorno ciclotímico y la depresión son tipos comunes de trastornos del estado de ánimo. Un psiquiatra o un profesional de la salud capacitado puede diagnosticar este tipo de trastornos afectivos.

Desórdenes de ansiedad

El estrés, el miedo o el pavor son las reacciones comunes a las personas con trastornos de ansiedad hacia situaciones u objetos específicos. Aparte de esto, también pueden experimentar síntomas físicos de pánico o ansiedad, como sudoración excesiva y frecuencia cardíaca elevada. Hay tres formas sencillas de diagnosticar un trastorno de ansiedad. El primero es cuando la respuesta de un individuo a una situación es inapropiada o exagerada, el segundo es cuando un individuo no puede controlar su respuesta a una situación y el tercero es cuando la ansiedad comienza a interferir con la capacidad del individuo para funcionar normalmente. Existen diferentes tipos de trastornos de ansiedad, como el trastorno de ansiedad social, el trastorno de ansiedad generalizada, las fobias específicas y el trastorno del pánico.

Trastornos de la alimentación

Cualquier actitud, comportamiento o emoción extremos asociados con la comida y el peso corporal están asociados con los trastornos alimentarios. Los tipos más comunes de trastornos alimentarios incluyen bulimia, anorexia y trastorno alimentario compulsivo.

Desórdenes psicóticos

La distorsión de los patrones de pensamiento y conciencia son las características principales de un trastorno psicótico. Los síntomas más comunes de un trastorno psicótico son delirios y alucinaciones. En las alucinaciones, un individuo tiende a experimentar sonidos o imágenes que no son reales e incluso puede comenzar a escuchar voces. También puede tener ciertas creencias, aunque se haya demostrado su falsedad, pero parece aceptarlas como la verdad absoluta, incluso si hay evidencia contraria. El ejemplo más común de trastorno psicótico es la esquizofrenia.

Trastornos de personalidad

Un individuo con un trastorno de personalidad tiende a tener características inflexibles y extremas que no solo son angustiantes para el individuo en cuestión, sino también para quienes lo rodean. Los trastornos de la personalidad a menudo interfieren con la capacidad para funcionar de manera óptima y efectiva en las diferentes relaciones de la vida personal y profesional. Aparte de esto, los patrones de pensamiento de un individuo, junto con los comportamientos, tienden a diferir de las expectativas habituales de la sociedad. Estos patrones suelen ser tan rígidos que interfieren con la capacidad de un individuo para funcionar normalmente. Los ejemplos más comunes de trastornos de la personalidad incluyen el trastorno de personalidad obsesivo-compulsivo, el trastorno de personalidad antisocial y el trastorno de personalidad paranoica.

Trastornos del control de impulsos

La incapacidad para regular y resistir los impulsos o el impulso de realizar acciones que pueden ser potencialmente peligrosas para sí mismo o para los demás se conoce como trastorno del control de impulsos. Los ejemplos más comunes de trastornos del control de los impulsos incluyen la cleptomanía, la piromanía y el juego compulsivo. Las drogas y el alcohol son fuentes comunes de adicciones. Por lo general, las personas con control de impulsos o trastornos de adicción se involucran mucho en su adicción y comienzan a ignorar otros aspectos de su vida independientemente de las consecuencias.

Trastorno de estrés postraumático

Siempre que una persona experimente un evento aterrador o traumático, puede resultar en un trastorno de estrés postraumático o PTSD. El evento podría ser una agresión física, la pérdida de un ser querido, un desastre natural o una agresión sexual, por ejemplo. Aquellos que tienen PTSD, se entumecen emocionalmente debido a los pensamientos aterradores o al daño duradero asociado con los recuerdos de un evento traumático.

Trastorno obsesivo compulsivo

Cuando un individuo está constantemente acosado por miedos o pensamientos que lo instigan a realizar rituales o rutinas específicas de manera constante, se conoce como trastorno obsesivo-compulsivo. El trastorno obsesivo compulsivo o TOC es la creación de ciertas obsesiones o rituales conocidos como compulsiones. Por ejemplo, una persona puede tener un miedo irracional a los gérmenes y, por lo tanto, se lava o desinfecta constantemente las manos.

Trastorno disociativo

Un trastorno disociativo se caracteriza principalmente por cualquier cambio grave en la memoria, alteraciones de los recuerdos, o cualquier otra alteración en la conciencia, la identidad y la conciencia general de uno mismo y de su entorno. Cualquier evento que cause un estrés abrumador puede resultar en un trastorno disociativo. A menudo es el resultado de un accidente, evento o desastre traumático que un individuo presenció o experimentó. Anteriormente se conocía como trastorno de personalidad dividida o trastorno de personalidad múltiple. El trastorno de despersonalización es un ejemplo de trastorno disociativo.

Síndrome de respuesta al estrés

El síndrome de respuesta al estrés se conocía anteriormente como trastorno de adaptación. Siempre que un individuo desarrolla ciertos síntomas conductuales o emocionales en respuesta a cualquier evento o situación que provoca estrés, resulta en un síndrome de respuesta al estrés. Los factores estresantes pueden ser desastres naturales, eventos desafortunados, crisis importantes o incluso problemas interpersonales. Enfrentar la muerte de un ser querido, superar un desastre natural, lidiar con un diagnóstico de una enfermedad potencialmente mortal o un divorcio pueden resultar en el síndrome de respuesta al estrés. Por lo general, ocurre dentro de los tres meses posteriores a una situación o evento estresante, y se termina automáticamente seis meses después o cuando el estrés se elimina o se detiene.

Trastornos de síntomas somáticos

El trastorno de síntomas somáticos se denominaba anteriormente trastorno somatomorfo o trastorno psicosomático. En este trastorno, un individuo tiende a experimentar síntomas físicos de dolor o enfermedad, en un grado excesivo y desproporcionado, pero las pruebas médicas no pueden encontrar la causa física. Induce grandes niveles de angustia y puede hacer miserable a cualquiera.

Trastornos facticios

En un trastorno facticio, un individuo puede quejarse intencional o conscientemente de síntomas emocionales o físicos para colocarse en el papel de paciente o de alguien que requiere ayuda y atención.

Trastornos sexuales

Los trastornos sexuales afectan negativamente el desempeño sexual, el comportamiento y el deseo de una persona. La parafilia y la disfunción sexual son los ejemplos más comunes de trastornos sexuales.

Tics

El síntoma más obvio de un trastorno de tic es generar sonidos o movimientos corporales sin intención de forma repentina, repetida, incontrolable y rápida. Cualquier sonido hecho involuntariamente se conoce como tic vocal. Un ejemplo común de tic nervioso es el síndrome de Tourette.

Causas comunes

El cerebro humano es extremadamente complicado e increíblemente poderoso. No es fácil comprender las causas exactas de los problemas de salud mental. De hecho, los investigadores todavía están tratando de descubrir las causas principales. Es posible que la causa no siempre sea única y, a menudo, es una combinación de diferentes factores, incluida la genética, el medio ambiente, la infancia o la forma en que funciona su cerebro, etc. Estos son algunos de los factores más comunes que pueden provocar problemas de salud mental.

Los factores genéticos juegan un papel importante. Si hay antecedentes de problemas de salud mental en la familia, aumenta el riesgo de desarrollar los mismos. Sin embargo, el hecho de que alguien de la familia tenga una enfermedad mental no significa que otros también la padecerán. Ciertas condiciones médicas, junto con los cambios hormonales, también pueden influir en la salud mental. El abuso de sustancias como el consumo excesivo de alcohol o el consumo de drogas ilícitas puede desencadenar episodios de psicosis o episodios maníacos. La paranoia también puede ser inducida por el consumo de drogas como anfetaminas, marihuana y cocaína. Cualquier trauma o estrés con el que haya tenido que lidiar en la niñez o la edad adulta también puede aumentar el riesgo de problemas de salud mental. Las experiencias traumáticas como servir en una zona de guerra o lidiar con violencia doméstica, relaciones abusivas o un abuso en la infancia pueden dejar cicatrices duraderas en la psique. Además, existen ciertos rasgos de personalidad, como el deseo de perfección o la baja autoestima que pueden aumentar el riesgo de ansiedad o depresión.

Comprender estas causas es importante, ya que le permite determinar si está en riesgo de desarrollar algún problema de salud mental. A menos que se comprenda y se acepte a sí mismo y a su realidad, no podrá utilizar las técnicas DBT que se describen en los capítulos siguientes.

Síntomas comunes

Ahora que conoce los diferentes tipos de trastornos, ¿cómo identificarlos? ¿Cómo notar la diferencia entre el mal humor y algo potencialmente más grave? Si no se siente usted mismo o tal vez uno de sus seres queridos no parece ser su yo habitual, ¿qué puede hacer? Darse el gusto de beber en exceso, períodos prolongados de tristeza, aislamiento social o entregarse a pensamientos y comportamientos negativos son signos de algún tipo de problema de salud mental. La salud mental requiere un compromiso serio e ignorarlo es imprudente.

Sentirse deprimido o infeliz

Uno de los signos más comunes de cualquier problema de salud mental es sentirse infeliz o deprimido durante períodos prolongados. Todos tendemos a sentirnos un poco tristes de vez en cuando, y podría ser por varias razones. Sin embargo, aferrarse a esas emociones desagradables durante períodos prolongados suele ser un síntoma de problemas de salud mental. Si nota que no tiene ganas de hacer algo que solía hacer o se siente inexplicablemente triste, no ignore estos síntomas. Quizás parezca triste o irritable durante un par de semanas y no tenga la motivación para seguir con su vida diaria. Si se está quedando sin energía o tiene los ojos llorosos todo el tiempo, podría ser un síntoma de depresión.

Sentirse preocupado o ansioso

Experimentar estrés y preocupación es bastante normal, y todo el mundo lo experimenta en algún momento u otro. Sin embargo, la ansiedad prolongada es un signo de problemas de salud mental. Si su ansiedad interfiere constantemente con su vida o le impide llevar una vida normal, es un síntoma que requiere su atención inmediata. Otros síntomas a los que puede prestar atención incluyen dolores de cabeza constantes, diarrea, palpitaciones del corazón, dificultad para respirar e inquietud.

Problemas para dormir

Un adulto promedio requiere alrededor de 7 a 9 horas diarias de sueño de buena calidad y sin interrupciones. Si nota algún cambio persistente en sus patrones de sueño habituales, puede ser un síntoma de problemas de salud mental. El insomnio es un síntoma común de problemas de ansiedad o incluso de abuso de sustancias. La incapacidad para dormir o dormir en exceso son ambos desagradables. También podría ser un síntoma de un trastorno del sueño o, en casos extremos, depresión. Como con cualquier otra función, es necesario que haya equilibrio.

Arrebatos emocionales

Nuestro estado de ánimo cambia constantemente y todos experimentamos diferentes estados de ánimo. Sin embargo, cualquier cambio dramático o repentino en el estado de ánimo, como la ira extrema o incluso la angustia, son síntomas de problemas de salud mental. Cualquier oscilación extrema en las emociones o la incapacidad de regular sus emociones es una señal de advertencia. Si siente que sus respuestas emocionales a las situaciones son bastante severas y desproporcionadas con el problema en cuestión, es hora de evaluar su salud mental.

Abuso de sustancias

No hay nada de malo en beber ocasional o socialmente. Sin embargo, existe un límite para cada cosa, y si excede este límite, será perjudicial para su bienestar general. Si nota que está consumiendo alcohol o drogas como un mecanismo para afrontar y lidiar con cualquier problema en su vida, es una señal de problemas. El abuso de sustancias es uno de los mecanismos indeseados más comunes de afrontamiento para los individuos ante cualquier desequilibrio emocional o mental.

Necesidad de aislarse

Pasar un tiempo a solas es fundamental para recargar energías. Todos necesitamos un poco de tiempo a solas lejos de las distracciones. Estar callado de vez en cuando no es preocupante. Sin embargo, si siente que se está alejando de la vida en general y no es un cambio normal, podría indicar un problema de salud mental. Si se aísla con regularidad o se niega a participar en actividades sociales, podría ser una señal de que necesita ayuda.

Cambios drásticos en el apetito o el peso

La mayoría de nosotros intenta perder un par de kilos de más, pero las fluctuaciones extremas de peso o la pérdida rápida de peso pueden ser una señal de advertencia potencial para cualquier forma de problema de salud mental. Cualquier cambio drástico en el apetito o en la pérdida de peso suele estar asociado con trastornos alimentarios o depresión. Si nota que está utilizando la comida como un mecanismo de afrontamiento poco saludable, es hora de evaluar su salud mental.

Cambios drásticos en los sentimientos o conductas

Por lo general, la mayoría de los problemas de salud mental comienzan como cambios mínimos en la forma en que piensa, siente y se comporta. Si nota algún cambio significativo y progresivo en su forma de comportarse o si siente que se está comportando de una manera que no es normal para usted, es posible que esté desarrollando un problema de salud mental. Si algo no se siente bien o siente que está perdiendo algo, es hora de buscar consejo profesional y tener una conversación sobre su salud mental.

Sentirse culpable

Puede sentirse culpable cada vez que hace algo mal. Sin embargo, si los sentimientos de culpa o inutilidad no desaparecen, podría ser una señal de problemas de salud mental. Por ejemplo, si nota que tiene pensamientos como «Todo es culpa mía», «No puedo tener éxito, soy un fracaso» o «No valgo nada» durante períodos prolongados, puede indicar un problema más profundo. Si siente que se está culpando constantemente y analizando críticamente todo lo que hace, también podría ser un signo de depresión.

Es fundamental que preste algo de atención a su bienestar mental y emocional. Tome nota siempre que experimente alguno de los síntomas que se describen en esta sección. No intente suprimir los síntomas y, en cambio, busque asesoramiento profesional y trate de lidiar con ellos.

Cuándo buscar ayuda

Si los sentimientos de culpa e inutilidad son incontrolables, pueden convertirse en pensamientos suicidas. También puede provocar pensamientos de autolesiones. Si nota algún síntoma grave como pérdida extrema de control, incapacidad para permanecer en el presente, alucinaciones, shock extremo, pensamientos suicidas o incluso una necesidad de lesionarse, se trata de emergencias médicas o emocionales. Busque ayuda de inmediato y no posponga las cosas. Si no se controla, podría dañarse a usted y a quienes lo rodean.

Capítulo tres: Establecer metas para el bienestar emocional y mental

¿Alguna vez se ha fijado metas? Si es así, entonces es como todos los demás. ¿Ha podido alcanzar todas las metas que se propuso? Probablemente no, y eso está bien. No muchas personas alcanzan los objetivos que se fijaron y, a menudo, se debe a que no se establecen los objetivos correctos. A menos que tenga ciertas metas en la vida, es difícil mantenerse en el camino correcto. ¿Cómo puede determinar cuál es la dirección correcta si no es consciente del resultado final que desea lograr? Aquí es donde entran en juego las metas. Una meta puede ser cualquier cosa que desee lograr.

Una meta es una oportunidad para cambiar y comprometerse con un curso de acción. Las personas suelen proponer puntos de referencia diferentes y específicos para alcanzar sus objetivos de salud, como: «Sé que mi dieta será más saludable si puedo incluir una porción de vegetales verdes en mis comidas diarias» o «Sé que mi resistencia ha aumentado ya que puedo hacer ejercicio veinte minutos más de lo habitual». Estos objetivos son extremadamente específicos y le permiten medir cualquier progreso que realice. Sin embargo, ¿qué pasa con su salud mental? ¿Cómo puede establecer metas para algo demasiado grande para comprenderlo o entenderlo? No se trata solo de establecer metas, sino que las metas deben ser alcanzables. Si no comprende sus objetivos o no tiene la motivación para cumplirlos, no tiene sentido. Establecer una buena meta determina su tasa de éxito. Aquí hay un par de objetivos comunes que las personas suelen proponer cuando se trata de su bienestar emocional o mental:

- Me siento triste y quiero ser más feliz.
- Necesito dejar de estresarme todo el tiempo y aprender a estar más relajado.
- Debo trabajar para mejorar mi confianza y autoestima para sentirme mejor conmigo mismo.

No hay nada de malo en estos objetivos. Una vez que verbaliza los objetivos mencionados anteriormente, es útil concentrar su energía y prepara el escenario para alcanzar la autorreflexión y el crecimiento. Sin embargo, estas afirmaciones son bastante amplias y puede ser un poco complicado determinar dónde comenzar, qué hacer y cómo puede lograr sus objetivos. El avance hacia el logro de sus objetivos debe realizarse de una manera realista, sostenible y saludable. En esta sección, veremos algunos consejos simples que puede seguir al establecer metas para su bienestar mental y emocional.

Piense diferente

Quizás el consejo más simple sea preguntarse cómo puede vivir su vida de manera diferente para lograr su objetivo. Este tipo de pensamiento le permite avanzar hacia su estado ideal, en lugar de preocuparse por alejarse de su estado actual. Por ejemplo, si quiere dejar de sentirse deprimido y quiere sentirse feliz, empiece a pensar en cuán diferente podría llevar su vida para ser más feliz.

Aquí hay un par de preguntas que puede hacerse:

- «Si quiero mejorar mi autoestima y confianza personal, ¿qué tipo de afirmaciones debo hacer? ¿Cómo debe sonar mi diálogo interno si quiero sentirme mejor conmigo mismo?»
- «Si quiero sentirme más feliz, ¿Qué cosas debo hacer? ¿Hay alguna experiencia específica en la que deba participar para sentirme feliz?»
- «Si quiero sentirme más relajado, ¿qué cosas debo hacer con más frecuencia? ¿Cuál es el tipo de mentalidad que debo asumir para sentirme relajado en la vida?»

Respuestas concretas

Una vez que identifique diferentes preguntas asociadas con su salud mental o emocional en el paso anterior, es momento de buscar algunas respuestas. Piense en todas las acciones o comportamientos específicos que puede utilizar para alcanzar sus metas. Por ejemplo, si su objetivo es sentirse feliz, quizás pueda comenzar a pasar más tiempo con sus seres queridos. Tal vez también puedas interactuar más con los demás y asistir al menos a dos reuniones sociales por semana.

Si está tratando de mejorar su confianza personal, entonces tal vez deba concentrarse en mejorarse a sí mismo. Concéntrese en su diálogo interior y hágalo más positivo y afirmativo. Por ejemplo, si siente que no ha logrado nada o se siente impotente, puede reemplazar ese diálogo interno con: «Estoy orgulloso de la forma en que lidié con las dificultades en mi pasado y he recorrido un largo camino». Empiece a reemplazar todos sus patrones de pensamiento negativos por otros positivos y deseables, y automáticamente se sentirá mejor consigo mismo.

Límite de tiempo

Independientemente de los objetivos que se establezca, debe haber un límite de tiempo. Permítase un período específico dentro del cual pueda realizar un seguimiento de sus objetivos. Una vez que haya establecido un marco de tiempo, será más fácil no solo realizar un seguimiento de su progreso, sino también medir su progreso. Por ejemplo, si está trabajando para sentirse más feliz, puede realizar un seguimiento de la cantidad de salidas sociales a las que asiste en una semana. Tal vez pueda comenzar a pensar en todas las ocasiones en un día en que conscientemente desvió su pensamiento de algo negativo a positivo. Si siente que debe esforzarse más, puede hacerlo. Dedique algo de tiempo a pensar en todas las cosas que le impiden alcanzar sus metas.

Si verifica de forma rutinaria el progreso que realiza, las posibilidades de lograr sus objetivos aumentarán. Empiece a concentrarse en ciertas áreas de su vida que le permitirán alcanzar sus metas. Piense en formas en las que pueda saborear sus logros y mejorar su sentido de autoestima. Debe motivarse para seguir adelante. A menos que esta motivación venga de adentro, las posibilidades de lograr cualquier objetivo en la vida disminuirán.

Progreso general

De vez en cuando, dé un paso atrás y observe su progreso general. Piense en ello como una reflexión para un informe de autoanálisis. Le permitirá ver el panorama general y realizar cambios cuando sea necesario. Una pregunta simple que puede hacerse en esta situación es: «¿Con qué regularidad he trabajado para lograr mis metas y cómo me siento acerca de los cambios que he hecho en la vida?». Una vez que empiece a observar el progreso, probablemente identificará las áreas que agotan su energía. Quizás se encuentre con ciertos rasgos de personalidad que no reconocía, que le impiden alcanzar sus metas. Tal vez sea necesario revisar sus objetivos en función de su estilo de vida actual o de las situaciones de su vida.

Debe haber un espacio de reflexión para comprender cómo se siente respecto a los diferentes cambios que realiza para lograr sus objetivos. Le brindará una oportunidad invaluable para deleitarse con sus logros e identificar cualquier área de su vida en la que no haya podido alcanzar sus metas. A veces, puede haber algunos obstáculos que limitan su progreso. Al tomar nota de todos estos obstáculos, puede encontrar soluciones para superarlos. O tal vez cambie su curso de acción para evitarlos por completo. Mientras intenta hacer ciertos cambios, incluso puede identificar barreras importantes en su pensamiento que le impiden sobresalir en la vida. La buena noticia es que puede mejorar significativamente su bienestar emocional y mental utilizando DBT. De hecho, durante la autorreflexión, es posible que se dé cuenta de que el mayor obstáculo en la vida es su forma de pensar y sentir. Una vez que aprenda a regular todo esto, será más fácil alcanzar cualquier objetivo.

Establecer metas SMART

Mucha gente se fija metas sin darse cuenta de su importancia. El objetivo puede ser bueno al principio, pero puede oscurecerse cuando al apuntar a la luna y hacer promesas imposibles con ciertos objetivos que se fijaron. El dicho: «Dispara a la luna. Incluso si fallas, aterrizarás en las estrellas», no siempre funciona cuando se trata de establecer metas. Si se fija metas inalcanzables, simplemente está preparando una decepción. Está bien apuntar alto, pero las metas que establezca deben ser alcanzables. De lo contrario, simplemente aumentará la duda y la decepción que siente en la vida. En su intento por lograr cosas rápidamente, saboteará cualquier progreso. Las personas a menudo esperan experimentar una rápida explosión de energía cada vez que se fijan metas. Desafortunadamente, este tipo de pensamiento no conduce al éxito. Si desea lograr un progreso sólido y duradero, se necesita mucho tiempo, esfuerzo y paciencia. También requiere resiliencia para recuperarse de ciertos contratiempos, que son inevitables. Independientemente del objetivo que establezca, estos son ciertos rasgos de los que no puede prescindir.

Un objetivo común respecto a la salud es «Quiero perder peso». Será increíblemente difícil alcanzar este objetivo si no está seguro de cuánto peso quiere perder, cuándo y por qué. A menos que comprenda las razones de su objetivo, es difícil mantener la motivación para alcanzarlo. Los detalles involucrados en el establecimiento de una meta, especialmente las horas, no pueden pasarse por alto. Ahora, quizás se esté preguntando: ¿por qué parece fácil establecer metas para la salud física, pero no para la salud mental?

El acrónimo SMART significa metas que son simples, medibles, alcanzables, realistas y de duración determinada (simple, measurable, attainable, realistic, and time-bound). Aquí hay un ejemplo simple de cómo usar el acrónimo SMART al establecer objetivos para su salud mental. Un hombre llamado Adam ha vivido con ansiedad desde que tiene memoria. Debido a su ansiedad, siempre tuvo problemas para obtener buenas calificaciones en los exámenes en la escuela, a pesar de ser un buen estudiante. Se las arregló para conseguir un trabajo, y una vez lo hizo, todas las responsabilidades con las que tenía que lidiar aumentaron. Comenzó a experimentar ansiedad generalizada mientras interactuaba con gerente, y luego ataques de pánico debido a la presión del trabajo. Todo esto lo llevó a idear un plan para mejorar su salud mental y manejar su ansiedad de manera efectiva. Así es como Adam estableció metas con la técnica SMART:

Dado que el objetivo de Adam era reducir la ansiedad, comenzó a pensar en las diferentes herramientas que podía usar para reducirla y lidiar con los ataques de pánico. Al idear técnicas específicas, comenzó a sentirse más seguro en el trabajo. Para que su objetivo fuera mensurable, Adam decidió realizar un seguimiento diario de sus emociones y comenzó a calificar la ansiedad que sentía en una escala del uno al diez. Trató de hacerlo al menos una vez al día para comprender mejor cómo se sentía y los diferentes eventos que la desencadenaron. Adam quería sentirse menos ansioso, lo cual es un objetivo simple, pero alcanzable. Después de investigar un poco y reunirse con un terapeuta, Adam se dio cuenta de que su objetivo era razonable y perfectamente alcanzable. Por lo tanto, creía que, con tratamiento, esfuerzo y paciencia, podría lograr de manera realista su objetivo de reducir su ansiedad general. El último paso de Adam al establecer su objetivo fue poner un límite de tiempo. Deseaba trabajar en mejorarse a sí mismo para reducir la ansiedad antes de que terminara el año. Fijó un límite de tiempo específico dentro del cual podría implementar varias estrategias para manejar su ansiedad.

Como puede ver, Adam logró establecer una meta realista y bien pensada para sí mismo. Este objetivo no solo es medible, sino que también viene con ciertos marcadores que puede usar para seguir su progreso. Dado que tiene un límite de tiempo, hace que el objetivo sea más realista y tangible. Por lo tanto, al establecer una meta, también debe seguir los mismos pasos que siguió Adam para que sus metas fueran alcanzables.

Independientemente del objetivo que se proponga, alcanzarlo requiere motivación y compromiso. No se esfuerce demasiado ni trate de alcanzar sus objetivos rápidamente. En cambio, comience a hacerlos más realistas para usted. No tiene que hacer cosas porque alguien más las haga. Incluso si los objetivos que se propuso no tienen sentido para los demás, no se preocupe. Siempre que sus metas estén en sintonía con sus ambiciones y no sean poco realistas, puede alcanzarlas. Incluso si vacila, no tiene que preocuparse. Todo es un proceso de aprendizaje. Cada error que comete le enseña una lección. Por lo tanto, deje de preocuparse, mejor concéntrese en ponerse metas SMART.

Capítulo cuatro: Trastornos de ansiedad - 8 técnicas DBT para un alivio instantáneo

Use DBT para la ansiedad

Sigmund Freud clasificó la ansiedad en dos categorías: estrés apropiado e inapropiado. La ansiedad ocurre ante cualquier situación que genere la respuesta de «huir o luchar» en el cerebro. Cuando esto sucede, el sistema límbico, el cual controla el sistema nervioso simpático, se ve anulado y causa síntomas como sensación de nerviosismo, pánico, dificultad para respirar o aceleración del ritmo cardíaco. Estos síntomas pueden ocurrir independientemente de si la amenaza es real o no. Dado que su cuerpo no puede distinguir entre amenazas imaginarias y reales, el sistema de defensa que utiliza es el mismo. Por ejemplo, incluso si no se encuentra en una situación en la cual peligre su vida, pero le preocupa completar ciertas tareas en el trabajo, su cuerpo asume que está bajo estrés. En esta situación se desencadena la respuesta de huir o luchar. Lo cual genera ansiedad.

Las emociones juegan un papel vital en nuestras vidas. Las emociones básicas como el miedo o el estrés están asociadas con la ansiedad. En una situación de riesgo vital, estas emociones tienen sentido, ya que el miedo nos motiva a protegernos. A veces, estas emociones surgen cuando no ayudan o son improductivas. Pueden volverse difíciles de manejar y terminan causando ansiedad o angustia extrema. DBT ayuda a trabajar a las emociones utilizando habilidades cognitivas, y a aplicar esas habilidades a su vida en general. Ayuda a abordar las emociones difíciles o angustiantes mientras mejora su capacidad para regularlas. También, le brinda un mejor control de sus emociones, incluyendo la forma en que las experimenta y expresa.

El objetivo principal de DBT es cambiar e influir sobre las emociones personales. Sin embargo, antes de poder hacerlo, debe comprender y saber de dónde provienen estas emociones y las razones por las que surgen. DBT proporciona técnicas conscientes y sin prejuicios para la observación y descripción de cualquier experiencia emocional que tenga.

Habilidades básicas de DBT

En esta sección, veremos algunas habilidades básicas de DBT. Estas habilidades se pueden utilizar no solo para abordar la ansiedad, sino también para mejorar su bienestar emocional y mental general. Tenga en cuenta que se necesita mucho tiempo, esfuerzo y constancia para desarrollar estas habilidades. Una vez que las domine, notará un cambio positivo en su vida. También tendrá más control de sus emociones. La ansiedad ocurre cuando no puede controlar sus emociones y se siente abrumado por ellas. Al aprender a regularlas, tendrá un mejor sentido de la vida y obtendrá una respuesta racional en lugar de una reacción involuntaria.

Atención plena

La atención plena es una técnica simple que consiste en vivir la vida en el momento presente sin dejarse raptar por pensamientos sobre el pasado o el futuro. Podrá volverse más consciente de sus sentimientos, pensamientos, comportamientos y reacciones con la atención plena. La atención plena le permite calmarse y revisarse a sí mismo, identificando las emociones que siente y luego tomar decisiones conscientes basadas en estas emociones. La atención plena es útil para diferentes aspectos de la vida, no es solo una técnica para lidiar con la ansiedad. Cuando no se controla, la ansiedad puede impedirle llevar una vida feliz y plena. Es una emoción indeseable y evitarla o regularla debe ser una prioridad.

La forma más fácil de practicar la atención plena es concentrándose en su cuerpo. ¿Cuándo fue la última vez que se revisó a sí mismo? ¿Alguna vez se preguntó por qué siente ciertas emociones? ¿Se tomó el tiempo para comprender cómo funcionan sus emociones? Puede salir a caminar y practicar la atención plena todo el tiempo; observe cómo se siente su cuerpo mientras camina. Haga una pausa y mire a su alrededor. Disfrute de la vista de la naturaleza y observe cómo se siente cada movimiento que hace. Siempre que su mente comience a divagar, rediríjase al presente. Puede optar por concentrarse en su entorno externo o concentrarse en sus experiencias internas. Para redirigir su mente, puede concentrarse en lo que esté sucediendo a su alrededor o concentrarse en sus emociones, pensamientos y cualquier otra sensación física. Lo único que debe hacer es vivir la experiencia en el presente.

Por ejemplo, si está perdido en sus pensamientos y está preocupado por una reunión que parece ser la fuente de su ansiedad, pruebe la atención plena. Es posible que esté pensando en todas las cosas que pueden salir mal o en todas las tareas que debe realizar para la reunión. Todo esto puede resultar bastante abrumador. Por lo tanto, tome un descanso y sea consciente de sus pensamientos. Tenga en cuenta que cualquier cosa que piense es solo un pensamiento, y no es real, al menos no todavía. Tiene el poder de cambiar el rumbo de su vida. Aprenda a aceptar y comprender esto y se sentirá mejor. Para hacerlo, debe permanecer en el presente sin permitir que sus pensamientos se vuelvan locos.

No juzgue

A menudo somos extremadamente críticos con nosotros mismos. Este tipo de autocrítica es deseable porque ofrece una oportunidad para mejorar y redimir. Sin embargo, cuando no se controla, la autocrítica excesiva produce mucha ansiedad. Una vez que empieza a dudar de sí mismo, de sus habilidades y de todo lo que ha logrado en la vida, se vuelve increíblemente difícil no sentirse desesperado. La ansiedad en tales situaciones puede impedirle ver cualquier oportunidad que se presente ante sus ojos.

A veces, también nos volvemos críticos con nosotros mismos debido a nuestros pensamientos. Si quiere lidiar con la ansiedad, entonces no debe juzgar. Adopte para la vida una postura sin juzgar y podrá lidiar con la ansiedad. Quizás esté acostumbrado a juzgar las cosas como correctas o incorrectas y buenas o malas. Siempre que comienza a hacer juicios negativos, simplemente está aumentando su dolor emocional. Entonces, cuando se sienta enojado o frustrado, observe los juicios que realiza. Luego, concéntrese conscientemente en reemplazar el juicio con hechos y emociones que siente.

Por ejemplo, si se siente ansioso porque tiene varias tareas que completar y no cree que pueda hacerlo a tiempo, en lugar de permitir que su ansiedad desencadene emociones negativas como frustración, enojo o incluso dudas paralizantes, es hora de hacer una pausa. En lugar de juzgarse a sí mismo críticamente, cambie el pensamiento en sí. Tal vez pueda decirse a sí mismo: «Sé que tengo mucho que lograr, pero puedo hacerlo a tiempo» o «Si divido las tareas y hago una lista, puedo completar todo lo que pueda antes de la fecha límite». Simplemente cambiando su visión de una situación, estará mejor equipado para lidiar con ella.

Aceptación

Aceptar su realidad es una excelente manera de lidiar con la ansiedad. Puede haber ciertas cosas con las que no esté satisfecho o algunos eventos dolorosos que sean fuente de angustia emocional. A menos que acepte el dolor que siente y reconozca lo que haya sucedido, no podrá seguir adelante. Si permite que sus emociones lo abrumen, rápidamente lo dominarán y se sentirá fuera de control. En lugar de eso, empiece por aceptarlas. Miremos el ejemplo anterior y usemos la aceptación para hacer soportable esta situación. La realidad que debe aceptar en la situación es que tiene mucho trabajo por completar. No puede hacer frente a la tarea en cuestión a menos que acepte la situación. Una vez la acepte, podrá pensar con claridad y tranquilidad. Una vez que esté tranquilo, encontrará soluciones para lidiar con la situación en lugar de preocuparse por ella. Simplemente aceptando su realidad, puede reducir el estrés que siente y evitar una ansiedad innecesaria.

8 técnicas DBT para un alivio instantáneo

Técnica 1: Comprender la fuente

Si desea lidiar con su ansiedad, a menos que identifique la fuente o la razón, será difícil. Tómese un tiempo y piense en cualquier situación específica que haya desencadenado su ansiedad. Quizás podría haberla evitado diciendo que no. O tal vez preguntándose qué se supone que debe hacer. Una vez que identifique la fuente, puede tomar medidas inmediatas para rectificarla.

Técnica 2: Concéntrese en respirar

La técnica más sencilla que puede utilizar para el alivio inmediato de la ansiedad es concentrarse en su respiración. Tómese un descanso y concéntrese únicamente en su respiración. Inhale y exhale profundamente. Mientras lo hace, observe cómo se siente y no se concentre en ninguno de sus pensamientos. Puede concentrarse en su respiración hasta diez minutos y se sentirá mejor de inmediato.

Técnica 3: Autocalmarse

Todos experimentamos la vida utilizando nuestros cinco sentidos: visión, tacto, oído, olfato y gusto. Si se siente atrapado en el trabajo, tómese un descanso y salga al aire libre para disfrutar de la naturaleza. Deje lo que esté haciendo y escuche música relajante. Puede beber té de hierbas aromáticas o comer un pequeño bocadillo para estimular su sentido del olfato y el gusto. Aplicar loción perfumada, inhalar los hermosos olores de la naturaleza o encender una vela perfumada le harán sentir relajado. Si es posible, lávese la cara con agua fría o, cuando esté en casa, puede tomar un baño tibio. Si tiene una mascota, juegue con su mascota. Aprenda a calmarse a sí mismo y su ansiedad se desmoronará lentamente.

Técnica 4: Practicar la atención plena

La atención plena es un ejercicio muy simple que le permite procesar sus pensamientos y emociones de manera racional. Siempre que se sienta abrumado, tómese un descanso y dirija su atención a lo que sienta. Permítase sentir sus emociones sin ningún juicio. La atención plena le permite permanecer en el presente sin preocuparse por el pasado o el futuro. Al hacerlo, tendrá una mejor idea de sí mismo y de las situaciones con las que tiene que lidiar. También ayudará a regular su ansiedad.

Técnica 5: Ejercicio

El ejercicio no solo es bueno para la salud física, sino para la salud mental. Siempre que hace ejercicio, su cuerpo produce hormonas que mejoran el estado de ánimo y eliminan el estrés, como las endorfinas. Ayuda a contrarrestar los efectos dañinos del cortisol u otras hormonas que producen estrés en su cuerpo. Un trote rápido, saltar en el mismo lugar durante un par de minutos o cualquier otra cosa que haga que su cuerpo se mueva ayudará a aliviar el estrés.

Técnica 6: Actividades estimulantes

Participe en diferentes actividades que estimulen su mente y requieran pensar. Resolver acertijos, buscar palabras o leer le ayudará a cambiar su enfoque de la ansiedad a algo más positivo y constructivo. Al desviar su atención hacia otras actividades, puede evitar que su mente se concentre en su ansiedad. Planifique un par de actividades divertidas en las que pueda participar con regularidad. Si pasa tiempo con sus seres queridos o realiza sus pasatiempos, se sentirá mejor.

Técnica 7: Ayude a los demás

A veces, ayude a los demás. En lugar de pensar en sí mismo, tómese un momento y trate de pensar en cómo puede ayudar a los demás. Contribuir a la sociedad es una excelente manera de abordar la ansiedad. Le da la oportunidad de hacer algo bueno por los demás y permanecer en el presente.

Técnica 8: Sus logros

La ansiedad puede ser agobiante. Puede inducir sentimientos de inseguridad. Entonces, dese un descanso y piense en todos sus logros. No tiene que ser nada significativo, e incluso las pequeñas victorias importan. En lugar de pensar en todos sus errores o en todas las cosas que han salido mal, concéntrese en lo bueno que tiene en la vida. Concéntrese en sus logros y esté agradecido por ellos.

Si sigue los sencillos consejos que se dan en esta sección, puede obtener un alivio instantáneo para la ansiedad y el estrés. Aparte de esto, comience a trabajar en las tres habilidades básicas de DBT tratadas en esta sección para aliviar la ansiedad y regular sus emociones.

Capítulo cinco: Depresión y regulación emocional - 7 consejos DBT para sentirse mejor AHORA

Los síntomas comunes asociados con la depresión incluyen períodos prolongados de tristeza, incapacidad para enfocarse o concentrarse, reducción en el poder de su memoria, abstinencia y falta de interés en todas las actividades que antes disfrutaba. La depresión también puede manifestarse con síntomas físicos como letargo, incapacidad para dormir, dolores de cabeza y dolores corporales. Mientras experimenta estos sentimientos abrumadores asociados con el dolor emocional, superar los síntomas de la depresión puede ser complicado. DBT le permite aceptarse a sí mismo junto con su situación actual para que pueda tomar medidas correctivas. Al usar DBT, puede superar eficazmente los síntomas comunes de la depresión.

DBT le ayuda a sobrellevar las emociones dolorosas y a desarrollar habilidades de afrontamiento efectivas para superar cualquier desafío que enfrente. Encontrar el equilibrio ideal entre cambio y aceptación es esencial para la regulación emocional. El refuerzo positivo proporcionado por DBT puede permitirle superar cualquier sentimiento paralizante de desesperanza o tristeza aguda. DBT ayuda con la regulación emocional.

Controlar sus emociones, mantenerlas equilibradas y evitar que lleguen a los extremos es una regulación emocional. La desregulación emocional es su incapacidad para controlar sus respuestas emocionales. Por lo general, un evento interno o externo desencadena una experiencia subjetiva como una emoción o sentimiento. Esta emoción o sentimiento da como resultado una respuesta cognitiva o un pensamiento seguido de una respuesta fisiológica basada en las emociones. Cuando está pensando en algo triste, promueve el pensamiento negativo y da como resultado una respuesta fisiológica como un aumento en su frecuencia cardíaca o la producción de hormonas inductoras de estrés. Este proceso a menudo culmina con un comportamiento indeseable, que podría tener la forma la represión o expresiones extremas de emociones.

La desregulación emocional a menudo se caracteriza por reacciones emocionales exageradas. Incluso un evento negativo relativamente pequeño justifica una respuesta emocional exagerada y desproporcionada en un individuo emocionalmente desregulado. Si tiene ganas de gritar, llorar o tener un colapso mental cada vez que se presenta un pequeño inconveniente, es un signo de desregulación emocional. Culpar a otros o mostrar un comportamiento pasivo-agresivo puede dañar efectivamente cualquiera de sus relaciones existentes y aumentar el conflicto en la situación.

Lo bueno de DBT es que se concentra en habilidades y técnicas prácticas con aplicaciones en el mundo real. En esta sección, veremos algunos consejos sencillos que puede utilizar para controlar la depresión y promover la regulación emocional para sentirse mejor de inmediato.

Consejo 1: Identificar las emociones

La forma más fácil de regular sus emociones es identificándolas y etiquetándolas. DBT anima a sus usuarios a idear formas innovadoras y descriptivas de etiquetar sus emociones. En lugar de usar términos genéricos o regulares, la idea principal es que, a menos que sepa cuál es la emoción, no puede manejarla. En DBT, también aprenderá la diferencia entre las emociones primarias y secundarias y cómo abordar cada una de ellas de manera efectiva.

Las emociones primarias son la reacción inicial a un desencadenante o evento y tienden a ser reacciones naturales, mientras que una emoción secundaria es una reacción a la primaria. Por ejemplo, puede enfadarse cuando tiene una discusión con alguien o enfadarse cuando no obtiene lo que desea. Las emociones secundarias son más peligrosas que las primarias. Sin embargo, puede regular sus emociones secundarias y estarán bajo su control. Depende totalmente de usted cómo reaccionar cuando discute con alguien. Sus emociones secundarias pueden desencadenar comportamientos autodestructivos o dañinos. A menos que aprenda y acepte sus emociones primarias, no podrá regular sus emociones secundarias.

Al comprender y etiquetar sus emociones, tenga en cuenta que no existe una emoción correcta o incorrecta. Las emociones son normales y lo único que importa es cómo reacciona ante ellas. Sus emociones son únicas y no tiene que adherirse a ninguna noción de lo que otros piensan sobre las emociones deseables e indeseables.

Consejo 2: Deje ir las emociones indeseables

Si una emoción no conduce a su crecimiento o lo perjudica de alguna manera, entonces no es deseable. Aprender a soltar es una habilidad que resulta útil en diferentes aspectos de su vida. A menudo nos atascamos en un ciclo de negatividad mientras procesamos emociones negativas. En un intento por comprender estas emociones, nos aferramos con más fuerza de lo que se supone que debemos y comenzamos a obsesionarnos con los detalles mínimos asociados con la experiencia emocional.

Incluso si suena paradójico, la aceptación es la primera etapa del abandono. A menos que acepte la emoción que está sintiendo y reconozca el hecho de que no le gusta, no puede dejarla ir. Debe dejar de huir de sus emociones y, en cambio, enfrentarlas de frente, una vez que acepte su sufrimiento. La aceptación también trae consigo una sensación de claridad. Empiece por observar un sentimiento, reconózcalo y déjelo ir. Comprenda que sus sentimientos son solo una parte de usted y no lo definen. A veces, lo mejor que puede hacer es evitar reaccionar a una emoción y permitir que se quede con usted por un tiempo. Por lo general, las reacciones a una situación prolongan el sufrimiento. Empiece a aprender a amar y aceptar todas sus emociones de forma incondicional. La aceptación no es lo mismo que la aprobación. Incluso si no aprueba un sentimiento, acéptelo y solo entonces podrá dejarlo ir.

Consejo 3: Técnica STOPP

STOPP es un acrónimo que significa detenerse, respirar, observar, retroceder y practicar (stop, take a breath, observe, pull back, and practice). Esta técnica funciona brillantemente al lidiar con reacciones intensas. Le impide reaccionar con el calor del momento y, en cambio, promueve reacciones conscientes y racionales. También es una forma de atención plena. Siempre que sienta una emoción intensa, deténgase un momento. Después de hacer una pausa, respire profundamente y exhale lentamente. Estos son los dos primeros pasos.

El tercer paso es observar todos los pensamientos que pasan por su mente y comprender dónde está su atención. Piense a qué está reaccionando y las diferentes sensaciones que experimenta en su cuerpo. El cuarto paso es poner las cosas en perspectiva y mirar el panorama general. Quizás la visión que tiene no sea la única perspectiva, y podría haber otro paradigma que no haya considerado.

Piense en cómo reaccionaría un ser querido en una situación similar y discierna si es su opinión sobre cómo reaccionaría o un hecho. Alternativamente, también puede pensar en la importancia del problema específico en un par de meses. Le permitirá comprender si su perspectiva es deseable o no.

En el cuarto paso, comience a practicar lo que funcione para usted. Piense en el mejor curso de acción que puede tomar. Piense si su acción encaja bien con sus valores o no. La única forma de dominar esta habilidad es mediante la práctica constante. Siempre que se dé un tiempo entre una reacción emocional intensa y la acción posterior, podrá regular eficazmente sus emociones.

Consejo 4: Acción opuesta

Siempre que experimente una emoción intensa y desee detenerla, utilice la técnica de la acción opuesta. Las emociones siempre están asociadas con un comportamiento específico, como una discusión que desencadena la ira, o es posible que experimente la necesidad de retirarse cuando se siente triste. Sin embargo, la mayoría de nosotros asumimos erróneamente que las emociones desencadenan el comportamiento en lugar de ser al revés. Puede desencadenar una emoción al participar en un comportamiento específico asociado con esa emoción. En lugar de comportarse como lo hace normalmente cuando se siente de cierta manera, opte por el curso de acción opuesto. Si grita cada vez que está enojado, intente hablar en voz baja. Cuando se sienta triste, hable con sus seres queridos en lugar de aislarse.

Consejo 5: Verifique los hechos

Dar una importancia excesiva a sus emociones o exagerar las cosas es bastante fácil. Al verificar los hechos, puede identificar eficazmente un escenario cuando ocurre y luego trabajar para reducir la intensidad de su respuesta emocional. Para verificar los hechos, aquí hay algunas preguntas que puede hacerse.

- ¿Algo específico desencadenó mi respuesta emocional?
- ¿Cuáles son las diferentes interpretaciones que tengo sobre un evento?
- ¿La intensidad de mi respuesta emocional coincide con la intensidad de la situación?

Consejo 6: Técnica DEAR MAN

DEAR MAN es una habilidad de efectividad objetiva enseñada en DBT. Estos son los diferentes pasos que debe seguir al usar este acrónimo.

Describir

Al lidiar con emociones abrumadoras, comience por describir de manera clara y precisa lo que desea. Sea cortés mientras describe lo que desea de la otra persona. Por ejemplo, si le molesta que su pareja no limpie después de cocinar, tal vez pueda decir: «¿Puedes lavar los platos después de cocinar?» en lugar de «Nunca limpias».

Exprésese

Otros no pueden leer su mente y usted tampoco debe esperarlo. A menos que se exprese claramente, no puede esperar que los demás comprendan lo que quiere. Mientras expresa sus sentimientos sobre la situación, cíñase a las oraciones de «Yo siento» en lugar de «Tú no». Volvamos al ejemplo del paso anterior. En lugar de decir: «Nunca me escuchas y nunca limpias», puede decir algo como «Me siento frustrado porque siento que no me estás escuchando».

Hacerse valer

Deje de andarse por las ramas y vaya al grano. Por ejemplo, si cree que no tiene energía para cocinar, en lugar de decir: «No creo que pueda cocinar esta noche», puede decir: «No tengo la energía para cocinar esta noche, porque tengo mucho trabajo». Sea asertivo y exprésese con claridad y sin ambigüedades.

Reforzar el buen comportamiento

Si otros le responden bien, no debe olvidar recompensarlos. También ayuda a reforzar por qué el resultado que desea es positivo. Podría ser algo tan simple como un agradecimiento o una sonrisa educada. Por ejemplo, si su pareja lava los platos y limpia la cocina sin ningún recordatorio, no olvide reconocer el esfuerzo que ha hecho. Dígales que lo aprecia y recalque por qué es una buena idea limpiar siempre.

La atención plena importa

Mientras se encuentra en medio de una discusión o un acalorado debate, es fácil desviarse y olvidarse del objetivo de la interacción. Sea consciente de todo lo que diga y vuelva siempre al tema en cuestión. No se distraiga y no combine todos sus problemas en un solo argumento.

Parezca seguro

Las apariencias importan y debe parecer seguro. Su lenguaje corporal y comunicación deben mostrar confianza. A menos que parezca seguro, se reducirá la probabilidad de que otros lo escuchen.

Negociación

Es muy poco probable que siempre obtenga lo que quiera de todas sus interacciones. Por lo tanto, aprenda a negociar y esté abierto a todas las negociaciones. Por ejemplo, si quiere que su pareja lave los platos, quizás pueda ofrecerse a hacer algo a cambio. Funcionará como motivación para convencerle de que lave los platos.

Consejo 7: Técnica FAST

Si alguna vez se encuentra en una situación en la que está luchando por mantener sus ideas, utilice la técnica FAST. Esta técnica le ayudará a mejorar su autoestima y a regular eficazmente sus emociones. Estos son los diferentes pasos que debe seguir al usar el acrónimo FAST.

Justa

Aprenda a ser justo, no solo con los demás, sino también con usted mismo. Merece la compasión que extiende hacia los demás.

Pedir disculpas

Nunca se disculpe por hacer una solicitud o compartir sus opiniones. Tiene derecho a no estar de acuerdo y no permita que nadie le haga sentir culpable por ello. Discúlpese cuando cometa un error, pero no innecesariamente.

Cíñase a sus creencias

Solo porque quiere algo, no comprometa sus valores o creencias. Sus valores y creencias lo definen a usted y a su forma de pensar. Defienda siempre lo que cree, especialmente cuando sabe que tiene razón.

La verdad importa

Evite cualquier forma de manipulación como exagerar, mentir o actuar como una víctima/mártir. Sea siempre sincero y evite la deshonestidad a toda costa.

Al usar esta técnica, le servirá como un recordatorio rápido para asegurarse de mantenerse en el camino correcto sin caer en pensamientos negativos innecesarios.

Capítulo seis: Estrés en el trabajo: 9 formas de utilizar DBT en el trabajo

El estrés en el trabajo se ha vuelto increíblemente común en estos días. Nuestras insostenibles ideas sobre el éxito han generado una cultura de agotamiento excesivo que daña nuestra capacidad para ser creativos, eficientes y productivos. Cumplir múltiples funciones se ha convertido en la norma para mucha gente. Sin embargo, todas estas cosas aumentan el estrés que sentimos. Diferentes factores externos e internos contribuyen al estrés. Es posible que sienta que superar un día laboral habitual se está volviendo increíblemente difícil. Si esto es así, no está solo. Si desea reducir el estrés que experimenta, es hora de cambiar su forma de pensar el trabajo. Al cambiar su perspectiva, puede reducir la cantidad de ansiedad y tensión que siente en el trabajo.

Si experimenta alguna dificultad para regular sus emociones, especialmente en un lugar donde debe mostrar profesionalismo, puede ser perjudicial para su crecimiento. Las tensiones suelen ser altas en los lugares de trabajo. El estrés es bastante común y, en tales casos, puede resultar difícil controlar las emociones. Algunos de los conflictos comunes que puede enfrentar en el trabajo incluyen lidiar con la jerarquía, protocolos confusos y engorrosos, sentir que sus opiniones no importan, relaciones complicadas con compañeros de trabajo o superiores, etc. La lista de conflictos con los que probablemente pueda encontrarse en el lugar de trabajo es interminable. Si no los trata de manera efectiva y eficiente, afectará su salud mental y general. Lidiar con el estrés laboral es una habilidad que cualquiera puede alcanzar.

Siempre que ocurre algo, nuestra interpretación de los hechos o el curso de los acontecimientos está guiada por nuestras emociones. Lo que sentimos no suele ser el resultado de los hechos que conocemos, pero es lo que pensamos. Todas las interpretaciones que hacemos sobre diferentes eventos en nuestras vidas determinan cómo nos sentimos en general. DBT le permite alejarse un paso de la situación y analizar cuidadosamente la tarea en cuestión para tomar decisiones racionales y eficientes. Para hacerlo, debe aprender a regular sus emociones, y el lugar de trabajo no es una excepción. Una de las áreas principales en las que DBT se concentra es la atención plena. A menos que sea consciente de sí mismo y de su entorno, no podrá regular sus emociones. DBT también le enseña la aceptación y cómo regular sus emociones.

Si está cansado de permitir que el estrés en el trabajo lo supere, o si desea mejorar su capacidad para manejar el estrés, aquí hay algunas técnicas de DBT que puede usar:

Técnica 1: Un espacio sagrado

Tómese un descanso cada vez que sienta que su concentración falla y que su mente está invadida por pensamientos de preocupación y estrés. Aléjese de su escritorio durante un par de minutos y permítase centrar su atención. Tomarse un descanso rápido y alejarse de una situación que le provoca estrés le da la oportunidad de corregir sus patrones de pensamiento. Asegúrese de tomar un descanso después de trabajar durante una hora. Podría ser algo tan simple como levantarse de su escritorio y volver a llenar su botella de agua, hacer una taza de café o incluso salir al aire libre durante diez minutos. Para calmarse, concéntrese en su respiración. Todo lo que necesita son cinco minutos para resetear su mente y dejar ir el estrés que siente. Concéntrese solo en su respiración y visualice imágenes positivas o escuche música alegre.

Técnica 2: Comenzar a priorizar

A medida que las exigencias sigan aumentando y las tareas diarias comiencen a acumularse, sus niveles de estrés aumentarán. La forma más fácil de abordar el estrés es priorizar todas las tareas que debe completar. Organice las tareas en orden de importancia. Concéntrese en las tareas que son extremadamente importantes y deje el resto para más tarde. Una vez que elimine todas las tareas sin importancia, también se reducirá su estrés. Por lo general, mientras trabajamos, cedemos a la ilusión de que podemos completar todas las cosas que tenemos que hacer en el plazo establecido. Está bien creer en sus habilidades para hacer las cosas, pero nunca está bien sobreestimar su productividad. Si no tiene cuidado, terminará en una situación en la que habrá mordido más de lo que puede masticar. Al intentar realizar la mayor cantidad de trabajo posible, para cumplir con los plazos, sus niveles de estrés aumentarán.

El primer paso es reevaluar cuidadosamente todas las tareas que debe completar y su productividad. Haga una lista de entre diez y quince cosas que desea lograr en un día y califíquelas según su importancia. En la lista que ha creado, no todas las tareas son iguales y algunas serán más cruciales que otras. Terminará con una lista que incluye de cuatro a cinco cosas importantes y de cuatro a cinco cosas innecesarias. Una vez que la lista tenga orden, es hora de eliminar todas las tareas innecesarias. Acepte el hecho de que no puede completar todo y haga las paces con ello. No intente ser perfeccionista si no quiere lidiar con las consecuencias del agotamiento. Concéntrese solo en las tareas importantes y será más fácil abordarlas.

Técnica 3: Controle su estado de ánimo

Aquí hay una técnica simple que puede utilizar para reconocer y cambiar cualquiera de sus patrones de pensamiento negativos. Tómese un descanso de dos minutos, tome un lápiz y papel y divida el papel en tres columnas. En la primera columna, tome nota de cualquier evento estresante, anote sus sentimientos en la segunda columna y califíquelos en una escala del 1 al 100 en la tercera columna. Por ejemplo, si el evento estresante es que está preocupado por una reunión específica, anótelo. En la segunda columna, escriba cualquier sentimiento que experimente con una sola palabra, como ansioso, desprevenido, abrumado o asustado. En la tercera columna, califique este evento con 100 como extremadamente abrumado. Mientras califica el evento, revise todos los pensamientos que pasan por su mente. Una vez que empiece a tomar nota de todo lo que siente, será más fácil controlar y reevaluar su estado de ánimo. Una vez que haya completado este ejercicio, doble el papel y olvídese de él por un día. Al día siguiente, puede reevaluar lo que escribió y se dará cuenta de que sus preocupaciones generalmente no tienen justificación.

Cuando practique esta técnica durante un período, se dará cuenta de ciertos patrones de pensamiento negativos. Una vez que los identifique, será más fácil lidiar con ellos

Técnica 4: La probabilidad funciona

Habrá varios casos en el trabajo en los que sienta que no está haciendo lo suficiente o que no podrá completar ciertas tareas que se le asignaron. Puede terminar sintiéndose sofocado por preocuparse por todas las cosas que pueden salir mal. Pensamientos como, «Este proyecto no se concluirá a tiempo. Mi jefe me odiará. Probablemente me despidan. No tendré trabajo» pueden frenar efectivamente su productividad. Este tipo de pensamiento se conoce como catastrofismo. La mayoría de nosotros caemos en una pequeña catástrofe en un momento u otro. Cuando comienza a gastar toda su energía mental concentrándose en un posible fracaso o daño, aumenta el estrés que experimenta.

Cuando ve el mundo en blanco y negro y asume una mentalidad de éxito o fracaso, sus niveles de ansiedad aumentan. Tenga en cuenta que las cosas no siempre salen como queremos, pero no significa que sea el fin del mundo si no es así. Evite todos estos pensamientos destructivos utilizando la probabilidad. Siempre que note que sus pensamientos se salen de control y se siente estresado, tómese un momento para pensar en la situación actual. Por lo general, las cosas rara vez son tan malas como las imaginamos. Por ejemplo, si le preocupa que un proyecto fracase, tómese un momento y piense en los posibles resultados. Si la probabilidad es de uno sobre diez, o incluso cuatro de diez, perder el tiempo pensando en el peor de los casos no es productivo. Si las posibilidades de que ocurra el peor de los casos son bastante bajas, ¿por qué preocuparse por eso? Cuando replantea su perspectiva sobre una situación, tiene la oportunidad de tomar una decisión consciente. Puede preocuparse por la situación todo el tiempo que quiera, pero no obtendrá nada bueno. En lugar de eso, vuelva a la tarea que tiene entre manos y trate de hacer lo mejor que pueda. El hecho de que no haya tenido éxito en algo no significa que haya fallado. Simplemente significa que existe un margen de mejora.

Técnica 5: Evite múltiples tareas

No se haga la ilusión de que la multitarea significa que puede hacer más cosas y que mejorará su productividad. De hecho, es contraproducente. Cuando realiza múltiples tareas, simplemente aumenta el estrés que siente. Siempre que se sienta un poco abrumado, concéntrese solo en una cosa. Si su mente comienza a pensar en otras tareas, simplemente vuelva a centrarse y vuelva a la tarea en cuestión. Cuando completa una tarea tras otra, puede lograr más en un día y reduce el estrés.

Técnica 6: Ignore las distracciones

Mientras trabaja, elimine todas las distracciones. Coloque su teléfono en silencio; evite hablar con sus compañeros de trabajo; y cierre sesión en sus redes sociales. Si lo desea, también puede configurar un temporizador de 45 minutos o una hora. Cuando se desconecta de todas las distracciones, su productividad aumenta y su mente no piensa en cosas innecesarias. Si continúa practicando esta técnica, notará que su productividad general aumenta, mientras que su estrés disminuye.

Técnica 7: Concéntrese en sí mismo

Tómese un descanso y concéntrese solo en sí mismo durante tres minutos. Cierre los ojos, conéctese con su cuerpo y comprenda lo que está sintiendo. Reconozca sus pensamientos y no se detenga en ellos. Permítales pasar libremente por su mente sin ningún juicio. Controle sus sentidos y suelte cualquier tensión presente en su cuerpo.

Técnica 8: Gratitud

Expresar su gratitud por todas las cosas buenas que tiene en la vida tendrá un efecto positivo en su salud, creatividad y relaciones laborales. En lugar de preocuparse por todas las cosas que pueden salir mal, concéntrese en lo bueno que tiene en la vida. Tómese un par de minutos para pensar en todas las personas que le han apoyado y ayudado a lo largo de su vida. Agradezca el apoyo y agradezca al universo por todo lo que se le ha dado. Cuando se concentra en las cosas buenas de su vida, su mente no se detiene en la negatividad. En lugar de preocuparse por todos los plazos de proyectos que se vencen, piense en todo lo que ha logrado y al instante su ánimo se levantará. En caso de duda, recuerde todos sus logros y se sentirá mejor.

Programe una pausa para hacer ejercicio. Puede practicar posturas de yoga sencillas en su escritorio de trabajo o dar una caminata rápida. Siempre que vaya al baño o vaya a tomar un café, aproveche esta oportunidad para estirar los brazos y relajar los músculos. Doble la cabeza y el cuello, estire los brazos sobre la cabeza y estire las piernas. Permita que la sangre fluya libremente por su cuerpo y se sentirá con energía.

Capítulo siete: Trastorno límite de la personalidad: Controlar impulsos y cambios de humor con DBT

La forma en que siente y piensa sobre sí mismo y los demás se ve influenciada negativamente cuando tiene un trastorno límite de la personalidad (TLP). A menudo causa problemas y le impide funcionar con eficacia en la vida diaria. También puede causar problemas con la imagen de uno mismo, resulta en relaciones inestables y dificulta el manejo de sus emociones o comportamientos. El trastorno límite de la personalidad trae consigo un miedo excesivo al abandono o la inestabilidad, y es posible que experimente dificultades para estar solo. La impulsividad, las expresiones inapropiadas de ira y los cambios de humor constantes pueden alejar a los demás, incluso si desea establecer relaciones duraderas y saludables.

Por lo general, el trastorno límite de la personalidad se presenta en las primeras etapas de la edad adulta y puede mejorar con la edad. No tiene que sentirse desanimado si tiene TLP, y DBT es una forma eficaz de manejar este trastorno de salud mental. Estos son algunos de los signos y síntomas del TLP:

• Miedo severo al abandono, que podría empujarlo a tomar medidas extremas para evitar cualquier rechazo o separación imaginaria o real de los demás.

• Ataques de paranoia y disociación de la realidad inducidos por el estrés que pueden durar un par de minutos o incluso horas.

• Cambios frecuentes en la imagen y la identidad de uno mismo que desencadenan cambios en sus valores y metas.

• Un patrón constante de relaciones inestables e intensas en el que puede idealizar a alguien en un instante y luego creer de repente que dicha persona es cruel o que no merece su amor.

• Participar en conductas de riesgo o impulsivas como conducir de forma imprudente, atracones, abuso de drogas, alcoholismo o conductas de autosabotaje.

• Cambios de humor intensos y frecuentes que pueden durar desde un par de horas hasta días enteros. Puede experimentar intensos sentimientos de irritabilidad, ansiedad o incluso felicidad.

• Un implacable sentimiento de impotencia y vacío que no desaparece.

• Darse el gusto de tener pensamientos suicidas o intentar autolesionarse, generalmente en respuesta al miedo al abandono o al rechazo.

• Ataques intensos e inapropiados de ira, perder la paciencia con frecuencia y rapidez, o incluso participar en peleas físicas.

Nota: si nota que tiene fantasías de autolesión o tiene pensamientos suicidas, busque ayuda médica de inmediato.

DBT se usa comúnmente para tratar el trastorno límite de la personalidad. Es el primer tipo de psicoterapia que ha demostrado ser eficaz para tratar el TLP en ensayos clínicos regulados. También se cree que es el estándar de oro de los tratamientos para el TLP. Se ha demostrado que la DBT es eficaz para reducir el abuso de sustancias, aliviar los pensamientos suicidas, los comportamientos destructivos y reducir la necesidad de hospitalización psiquiátrica. La desregulación de las emociones es el problema central del trastorno límite de la personalidad. A menudo se debe a factores de riesgo biológicos y genéticos, junto con un entorno emocional inestable en la infancia o medios poco saludables para lidiar con el estrés crónico.

Aprender a regular sus impulsos y controlar los cambios de humor es esencial para lidiar con un trastorno límite de la personalidad. Aquí hay algunos consejos que le serán útiles.

Información sobre TLP

Empiece a recopilar tanta información sobre el TLP como le sea posible. Una vez que comprenda qué es este trastorno y cómo puede afectarlo, será más fácil tratarlo. A menos que comprenda con qué está lidiando, no puede controlar esta afección. Además, comience a hablar sobre el TLP con sus seres queridos. Tener un sistema de apoyo sólido en casa aumenta su capacidad para hacer frente y controlar el TLP. Trate de entender que TLP, como todo lo demás, tiene un espectro. Al hacerlo no asuma lo peor. Siempre difiere entre una persona y otra. Los síntomas habituales asociados con este no son duraderos y esta afección se puede controlar de manera eficiente. No permita que el diagnóstico lo consuma. Incluso en el peor de los casos, comprenda que el TLP guía sus acciones. Una vez que reconozca todo esto, será más fácil lidiar con el TLP.

Piense cuidadosamente sus decisiones

Considere cuidadosamente todas las decisiones que tomó en el pasado, especialmente las asociadas con cualquier relación en su vida. En ocasiones, reaccionó con dureza o tomó decisiones apresuradas, lo que puede haberle costado un par de buenas relaciones. Una vez que comience a analizar su historial de relaciones, puede identificar cualquier patrón de pensamiento negativo que le haya llevado a reaccionar de manera irracional. Al identificar tales patrones, estará mejor equipado para lidiar con situaciones similares en el futuro. Además, nunca es demasiado tarde para hacer las paces. Si cree que tuvo la culpa, discúlpese inmediatamente. Disminuirá la culpa y se sentirá mejor consigo mismo.

No lo esconda

No es necesario que oculte su TLP o intente enmascararlo. No deje que nadie más le diga lo contrario. No tiene que encajar en el molde ni seguir ninguna norma social que no le conviene. Las personas tienen derecho a expresar sus opiniones y diferentes personas pensarán de manera diferente. No intente fingir que todo está bien cuando no se siente bien. Acepte el diagnóstico de TLP y comience a aprender de él. Una vez que lo acepte, seguirá el crecimiento individual. Todas las cosas que no tenían sentido finalmente encajarán. Finalmente podrá comprender sus acciones y darse cuenta de por qué su vida es como es. Comience a compartir información sobre el TLP con sus seres queridos y ayúdelos a comprender por lo que está pasando. Una vez que comprendan por lo que está pasando, estarán mejor equipados para lidiar con sus respuestas emocionales. Tenga en cuenta que su TLP no lo define y no es su culpa. No se culpe a sí mismo y no se entregue a ninguna forma de pensamiento negativo.

Lleve un diario

Una forma sencilla de desconectarse de cualquier emoción que sienta y aliviar su carga emocional es tomar nota de sus sentimientos. Lleve un «diario de emociones» o un diario en el que pueda verter su corazón. A veces, no podrá explicarse las cosas a sí mismo, ni siquiera a quienes le rodean. En tales situaciones, tome su diario y comience a escribir lo que siente. No se juzgue por las cosas que escribe. No intente analizarlas. En cambio, considérelo como una salida para sus emociones. Cuando mire lo que haya escrito, estará en una mejor posición para comprender sus sentimientos. Una vez que comprenda sus sentimientos, podrá reaccionar de manera apropiada. También da tiempo para la autorreflexión y el autoanálisis. Aparte de esto, escribir sus pensamientos y emociones es una excelente manera de emplear su mente. En lugar de preocuparse por ciertas cosas, escriba sobre ello y podrá encontrar las respuestas adecuadas.

Comprenda su estado de ánimo

La atención plena es esencial para DBT. Comprender su estado mental mejorará su capacidad para regular sus emociones y mantenerlas bajo control. Los tres estados de la mente en DBT son: mente razonable, mente emocional y mente sabia. Al tener una mente razonable, tiende a enfocar las cosas de manera lógica, planifica su comportamiento, presta atención a cualquier información disponible y reacciona de manera apropiada. Podría ser algo tan simple como medir los ingredientes antes de cocinar. La mente razonable le permite mantenerse lógico y racional.

La mente emocional, por otro lado, está controlada principalmente por sus emociones. El pensamiento lógico escapa por la ventana y los hechos se distorsionan fácilmente. Este estado mental a menudo resulta en comportamientos impulsivos y patrones de pensamiento negativos. Por ejemplo, hacer un viaje no planificado o discutir con alguien simplemente porque ambos no están de acuerdo en un tema específico. Al comprender su mente emocional, puede pensar rápidamente en formas en las que se está lastimando involuntariamente. Cuando su mente razonable y su mente emocional se unen, se conoce como la mente sabia. Se trata de un sentimiento de intuición o de la sensación de que algo está o no está bien. Quizás experimente la intuición de que algo no se siente bien o experimente algo que no se puede explicar usando su mente lógica.

Siempre que sienta la necesidad de reaccionar, considere cuidadosamente el estado mental en el que se encuentra, y podrá mejorar eficazmente su respuesta a las situaciones.

Analizar la información

Hay dos pasos simples que puede seguir al tratar con TLP, y se conocen como «verificar los hechos». Siempre que experimente ansiedad o angustia extrema, verifique los hechos antes de responder o reaccionar ante una situación. El primer paso es identificar la emoción que siente. El siguiente paso es ver si su emoción está justificada verificando todos los hechos o la información disponible sobre la emoción que siente. Si siente que sus respuestas no son oportunas o está reaccionando impulsivamente, dé un paso atrás y cálmese antes de reaccionar. Esta es una habilidad importante que le será útil en diferentes aspectos de la vida.

Diálogo interno positivo

Si desea aprender a manejar sus reacciones a diferentes circunstancias y a responder de manera saludable, entonces es el momento de desafiar cualquiera de sus hábitos o reacciones negativas mediante el diálogo interno positivo. Sin duda, tomará algo de tiempo y esfuerzo antes de que lo domine. Al concentrarse en el diálogo interno positivo, puede aliviar la ansiedad, mejorar su atención y mantenerse más concentrado. Recuerde amablemente que es digno de todas las cosas buenas y deseables de la vida. En lugar de pensar en todos los pensamientos negativos que tiene sobre usted o los que le rodean, concéntrese en los aspectos positivos. Todo en la vida es temporal y nada permanece. El cambio es la única constante en la vida. Por lo tanto, incluso los momentos más difíciles que experimente pasarán. Entonces, ¿cuál es el punto de perder su valioso tiempo y energía pensando en todas las experiencias desagradables cuando son solo temporales? Recuerde que el momento que experimenta ahora mismo no define su pasado ni su futuro. No se puede controlar el futuro y es impredecible. Preocuparse por eso simplemente aumentará el estrés que siente. En lugar de pensar en el pasado, concéntrese en lo que puede hacer para mejorar la situación, la próxima vez que la enfrente. Tendrá un mejor control sobre sus comportamientos y acciones, en lugar de sentirse víctima de la vida.

Empiece a replantear todos sus pensamientos negativos utilizando un diálogo interno positivo. Por ejemplo, si una presentación no salió bien, podría pensar: «Soy un fracaso y nunca puedo hacer nada bien». En lugar de reflexionar sobre cosas tan negativas, puede pensar: «La presentación no salió tan bien como esperaba. Puedo hablar con mis colegas e identificar las áreas en las que necesito mejorar». Al tomar conciencia de su diálogo interno negativo y reemplazarlo con oraciones positivas, puede regular sus emociones.

Revísese usted mismo

Cuidar su salud es su responsabilidad. Nadie más puede hacerlo por usted y, a menos que se cuide, no podrá lidiar con el TLP. La ira y la desesperación suelen ser las reacciones naturales ante cualquier circunstancia o situación en la que tiene TLP. Por ejemplo, si su amigo hizo algo que le molestó, su instinto inicial podría ser hacer una rabieta o incluso amenazar a la otra persona. En lugar de hacer esto, tómese un momento y revísese consigo mismo. Una vez que lo haga, podrá comunicar efectivamente lo que siente a la otra persona de una manera no amenazante. Al seguir la práctica simple de la atención plena, puede evitar que las relaciones se vuelvan amargas. Además, estará mejor equipado con sus emociones y patrones de pensamiento.

Por ejemplo, si su pareja llegó tarde a su cita, su respuesta inmediata podría ser enojarse. Su respuesta habitual podría ser gritarle y preguntarle por qué es tan desconsiderado o irrespetuoso con usted. Antes de hacer esto, tómese un momento y revísese. Identifique sus emociones primarias y secundarias. Por ejemplo, probablemente esté enojado o molesto porque le preocupa que a su pareja no le importe o por cualquier problema de abandono que tenga. Una vez que haya identificado las emociones, puede preguntarle por qué llegó tarde. Sin duda, es una mejor forma de afrontar la situación.

Capítulo ocho: Mejorar habilidades DBT para la tolerancia a la angustia

Habrá ocasiones en su vida en los que se sentirá extremadamente angustiado. Quizás sea imposible o extremadamente difícil cambiar el escenario al que se enfrenta. En tales casos, ¿qué puede hacer? Bueno, aquí es donde entra en juego DBT. DBT enseña ciertas habilidades de tolerancia a la angustia que le permiten enfrentar y sobrevivir a una crisis. Le ayuda a tolerar el dolor tanto a corto como a largo plazo, ya sea emocional o físico. En esta sección veremos algunos consejos simples que puede seguir para mejorar sus habilidades de tolerancia a la angustia DBT.

Técnica ACCEPT (ACEPTAR)

ACCEPT es una técnica DBT que incluye un grupo de habilidades; puede usarla para tolerar cualquier emoción negativa hasta que pueda resolver la situación. ACCEPT significa: actividades, contribución, comparación, emociones, rechazo y pensamientos (activities, contributing, comparison, emotions, pushing away, and thoughts). Siempre que se sienta angustiado, comience por distraer su mente y realice diferentes actividades. Trate de mantenerse ocupado para no preocuparse por las emociones negativas. Puede lavar los platos, salir a caminar, leer un libro, trabajar o incluso participar en cualquiera de sus pasatiempos. En lugar de perder el tiempo pensando en una tarea improductiva, concéntrese en algo productivo.

Trate de hacer algo por los demás en lugar de sentirse abrumado por sus propias emociones. Siempre que contribuya al bienestar de otra persona, podrá dejar de pensar en el problema que tiene entre manos. Tal vez pueda hornear galletas para un ser querido, ayudar a un vecino con ciertas tareas o incluso cocinar la cena. Es fácil perder la perspectiva al pasar por momentos difíciles. ¿Hubo algún caso en su pasado en el que pensó que no podría superar algo, pero lo hizo? Recuerde esos casos y dígase a sí mismo que también puede superar la situación actual. Ciertamente esto pone las cosas en perspectiva y le da la motivación interna para permanecer fuerte.

Siempre puede regular sus emociones independientemente de la situación. Si se siente angustiado, tiene el poder de experimentar la emoción opuesta. Siempre que se sienta ansioso, comience a meditar durante unos diez a quince minutos. Si se siente deprimido, hable con uno de sus seres queridos. Si se siente triste, concéntrese en un pasatiempo que disfrute.

Siempre que sienta que no puede lidiar con algo, elimínelo temporalmente de su mente. Aleje ese pensamiento temporalmente distrayéndose con otras actividades, atención plena u otros pensamientos. Puede darse un descanso y luego volver al tema una vez más cuando se sienta mejor. Reemplace todos los pensamientos negativos con actividades que mantengan su mente emocionada y distraída. Tal vez pueda intentar decir el alfabeto al revés, contar al revés o resolver cualquier acertijo. Esto le permite evitar cualquier patrón de pensamiento o comportamiento autodestructivo mientras regula sus emociones.

Aceptación radical

Seguramente habrá momentos en su vida en los que se quede atrapado en situaciones indeseables sin poder lograr algún cambio. Puede que lo odie o desapruebe con vehemencia, lo que solo aumenta la angustia que siente. Si simplemente lo acepta por lo que es, puede reducir la angustia que siente y estar en paz consigo mismo. Una vez que deje de pensar en el problema o la circunstancia, podrá seguir adelante fácilmente.

La aceptación radical es una habilidad simple que propone que todos tendemos a tener opciones y, a veces, la única opción es decidir si se desea aceptar la realidad de una situación o no. Tiene la opción de enojarse por el problema y sentirse miserable por ello. O puede decidir aceptarlo y seguir adelante. Por ejemplo, supongamos que tiene una caries, pero le aterroriza ir al dentista. Puede intentar ignorarlo, evitarlo e incluso negar su existencia. Le gustaba el dentista anterior y tenía una buena relación con él, pero se retiró. El nuevo dentista no parece comprensivo y no le agrada. En un intento por evitar ir al dentista, comienza a eliminar sus alimentos favoritos que irritan la caries, como todas las golosinas azucaradas. Funciona bien, ya que ahora come menos alimentos no saludables. Sin embargo, de vez en cuando, la cavidad se inflama y provoca un dolor insoportable.

Si practica la aceptación radical, obtendrá la fuerza necesaria para aceptar que tiene miedo de ir al dentista y que probablemente será una experiencia desagradable. Sin embargo, también tendrá el valor de aceptar el hecho de que debe tapar la cavidad. Con la aceptación radical, acepta lo peor y supera la experiencia para seguir adelante. Aprender habilidades de tolerancia a la angustia ciertamente no es fácil, pero es deseable.

Técnica TIPP

Tal vez haya llegado a un punto de quiebre emocional. Podría ser un momento en el que el dicho, «La última gota que derramó el vaso», comience a tener sentido. En tales casos, TIPP es la habilidad

DBT que resulta útil. TIPP es un acrónimo que significa: temperatura corporal, ejercicio intensivo, respiración rítimica y relajación muscular progresiva (the temperature of your body, intensive exercise, pace your breathing, and progressive muscle relaxation).

Las emociones tienden a manifestarse físicamente. Por ejemplo, cuando se sienta molesto, su cuerpo puede sentirse un poco caliente. Para contrarrestar esto, lávese la cara con un poco de agua fría, encienda el aire acondicionado y siéntese cerca de él, o también puede sostener un cubo de hielo. Al cambiar la temperatura de su cuerpo, lo ayuda a enfriarse, física y mentalmente. Si está experimentando emociones intensas, intente realizar o participar en cualquier ejercicio intensivo que coincida con la emoción que siente. No es necesario ser un corredor de maratones. Puede empezar a correr o trotar un par de veces, o tal vez nadar hasta que se canse. El ejercicio intensivo aumenta el flujo de oxígeno en su cuerpo mientras contrarresta los niveles de estrés.

El dolor emocional se puede reducir concentrándose en la respiración. Existen diferentes tipos de ejercicios de respiración que puede seguir para hacerlo. El más simple se conoce como «respiración de caja». Para hacer este ejercicio, busque un lugar tranquilo y comience. Inhale profunda y lentamente por la nariz y sostenga el aire contando hasta cuatro. Ahora, exhale lentamente por la nariz a la cuenta de cuatro. Aguante la respiración a la cuenta de cuatro y comience de nuevo. Al concentrarse en un patrón constante de respiración, se reduce el estrés que siente.

La relajación muscular progresiva es bastante intrigante. Empiece por tensar deliberadamente un músculo durante unos cinco segundos, luego relájelo y déjelo descansar. Pase a otro músculo y haga lo mismo. Una vez hecho esto, sus músculos se sentirán más relajados que antes. Cuando sus músculos están relajados, su requerimiento de oxígeno se reduce; ralentiza la respiración y el ritmo cardíaco. Eso, a su vez, le calmará. Concéntrese en cualquier grupo de músculos que se sientan tensos como los de sus brazos u hombros. Relaje conscientemente los músculos y en poco tiempo empezará a sentirte mejor.

Lista de pros y contras

Siempre que se sienta angustiado por una situación, se volverá extremadamente difícil tomar decisiones sensatas. DBT sugiere que puede crear una lista de pros y contras para sopesar las consecuencias de cualquier decisión que tome. Es bastante común participar en comportamientos de autolesión o autodestructivos mientras se enfrenta a una crisis emocional. Antes de actuar ante un impulso, escriba una lista de pros y contras sobre si debe seguir adelante o no. Una vez que empiece a escribir las cosas, obtendrá más claridad y podrá decidir racionalmente en lugar de permitir que su comportamiento sea guiado por impulsos indeseables.

Habilidad IMPROVE

Habrá momentos en los que no podrá controlar un evento desagradable, sin importar si es grande o pequeño. En tales casos, necesita tolerancia a la angustia para salir adelante sin caer en comportamientos poco saludables. Ninguna emoción es permanente y lo mismo se aplica a las emociones intensas. IMPROVE es una técnica DBT que significa: imaginación, significado, oración, relajación, una cosa a la vez, vacaciones y ánimo (imagining, meaning, praying, relaxation, one thing at a time, vacation, and encouragement).

Empiece por imaginar cómo se sentiría si afrontara con éxito una situación desagradable. Trate de aferrarse al sentimiento del logro y podrá superar el malestar. El siguiente paso es comprender el significado de una situación dolorosa. ¿Cuál es la lección por aprender de las molestias con las que tiene que lidiar? Quizás le está enseñando a ser más empático, a construir nuevas relaciones o se trata de curarse a sí mismo.

Independientemente de si se es una persona religiosa o no, el poder de la oración nunca puede subestimarse. No necesariamente tiene que rezarle a Dios o a una deidad, pero puede creer en un poder superior o en el universo. Simplemente entregue su problema y pida al universo que le otorgue el poder para tolerar la situación. El siguiente aspecto de esta técnica es la relajación. Su cuerpo entra en modo de luchar o huir cada vez que experimenta estrés. Participar en cualquier forma de actividad relajante ayuda a aliviar la angustia que experimenta. Las diferentes actividades que puede incluir son caminar, ejercicios de respiración, tomar un baño tibio o incluso yoga.

Realizar «una cosa a la vez» es el siguiente paso. La atención plena consiste en permanecer en el momento mientras deja ir cualquier pensamiento sobre el pasado o el futuro. Si sigue agregando viejos problemas, la angustia que siente solo empeorará. En lugar de esto, concéntrese solo en una tarea por el momento. Encuentre una cosa a la que pueda dirigir toda su atención y hágala de inmediato. Luego, puede tomar un descanso eficaz de los factores estresantes durante las vacaciones. Si puede permitírselo, tómese un descanso y váyase de vacaciones. Si esto no es posible, visualice lo maravilloso que se sentiría si estuviera de vacaciones. Mantenga esta visualización positiva y podrá mejorar cualquier sentimiento que experimente.

Para el paso final, no es necesario que espere el estímulo de fuentes externas, puede venir desde adentro. El uso de afirmaciones positivas o cualquier frase significativa puede darle la motivación para seguir adelante y superar los momentos difíciles de la vida. En lugar de tener pensamientos negativos, reemplácelos con una afirmación positiva. No piense, «No puedo hacer esto, soy un fracaso», en cambio, puede pensar, «sucede esto, puedo superarlo».

Aprenda a calmarse a sí mismo

Puede aumentar eficazmente su tolerancia a la angustia en una situación de crisis, sintonizando los sentidos de su cuerpo. Auto calmarse, a través de sus diferentes sentidos, ayuda a reducir la intensidad de cualquier emoción negativa que experimente. Concéntrese en su sentido del oído, la vista, el tacto, el gusto, el olfato e incluso agregue algo de movimiento.

Siempre que se sienta perturbado, abrumado o angustiado, concéntrese en sus sentidos primarios. Puede escuchar los sonidos de la naturaleza como el repiqueteo de las gotas de lluvia, el canto de los pájaros o incluso sintonizarse con el sonido del tráfico. Puede escuchar su canción favorita o música relajante. Otra cosa que puede hacer es cambiar conscientemente el enfoque de su visión. Cuente la cantidad de colores que ve en una habitación específica o concéntrese en la textura de un objeto. Incluso puede mirar algunas de sus fotos favoritas en su teléfono. Disfrutar de una pequeña golosina es ciertamente placentero y le ayuda a superar una situación difícil. No es lo mismo que comer compulsivamente o darse un atracón. Asegúrese de que sea solo una pequeña golosina y no una comida completa. Concéntrese en los aromas que nota en el aire.

Intente identificar algunos olores, o tal vez pueda descomponer un olor en diferentes partes. También puede colocar un par de gotas de su aceite esencial favorito en su mano o en una bola de algodón para calmarse. Sintonice su sentido del tacto y observe cómo se siente cuando juega con un juguete para manipular, cuando pasa los dedos por el escritorio o se concentra en cualquier cosa que tenga en la mano en ese momento. Hacer estas cosas distraerá efectivamente su mente de la angustia, mientras se concentra en otra cosa. Es una táctica de distracción que funciona de manera brillante.

Técnicamente, solo hay cinco sentidos, pero en DBT, incluso el movimiento se considera un sentido. Puede alterar su estado emocional con movimiento físico. Podría ser algo tan simple como bailar su canción favorita, caminar o cualquier cosa que lo ponga en movimiento.

Mientras se calma a sí mismo usando sus sentidos, asegúrese de concentrarse solo en un sentido a la vez, y esto le enseñará a ser más consciente.

Capítulo nueve: Herramientas de atención plena para el miedo, las inseguridades y las fobias

Lidiar con el miedo

El miedo y la ansiedad pueden impedirle avanzar en la vida. Cuanto más tiempo los evite, más difícil será lidiar con ellos. Una vez que tome conciencia de los diferentes problemas de su vida que provocan miedo o ansiedad, tendrá la oportunidad de luchar para superarlos. En esta sección veremos algunos consejos específicos que puede utilizar para superar cualquiera de sus miedos.

Actitud del principiante

Por lo general, permitimos que nuestro pasado nos impida ver las cosas como son. Nuestras experiencias pasadas nos impiden observar situaciones de manera racional. En lugar de esto, permítase ver las cosas desde la perspectiva de un principiante. Cuando empieza a pensar como lo hace un principiante, puede ver las cosas como son porque no existe otra realidad. A veces, las experiencias tienden a provocar ansiedad o miedo. Por ejemplo, si tuvo una serie de malas relaciones, es posible que sienta ansiedad al comenzar a salir nuevamente. En lugar de hacer esto, vea su próxima experiencia de citas como algo completamente nuevo. El hecho de que no haya tenido una buena experiencia de relación en el pasado no significa que sus experiencias futuras serán malas.

No juzgue

A menudo somos extremadamente críticos y la mayoría de nosotros ni siquiera nos damos cuenta. En cambio, esfuércese por no juzgar. Observe cada vez que su mente comience a afirmar que algo es bueno o malo. Note estos pensamientos, pero no reaccione. El miedo y la ansiedad a menudo tienen ciertos mensajes que desean transmitir desesperadamente. Cuando pueda calmarse y experimentar estos sentimientos sin ningún juicio, obtendrá una mejor comprensión de sí mismo. Por ejemplo, si reacciona fuertemente a un tema específico o una persona, pregúntese por qué lo hace. Si lo piensa con atención, tendrá la oportunidad de comprender las razones de su comportamiento.

Sea paciente

A menos que tenga paciencia, no podrá disfrutar de su presente. Reduzca la velocidad por un tiempo y sea paciente. Siempre que experimente ansiedad o miedo, observe su miedo y escúchelo con atención. No es algo de lo que deba alejarse. Pregúntese por qué tiene miedo. ¿Tiene miedo del éxito, el fracaso o el juicio? Sea un poco paciente e intente identificar la causa de los miedos. Aprenda a ser consciente y a vivir en el presente mientras se enfrenta a emociones difíciles.

Acéptese a sí mismo

Debe aceptarse de verdad e incondicionalmente. Acepte las cosas tal como son y acéptese a sí mismo incluso antes de cambiar. Ser honesto y real consigo mismo no es una conversación fácil, pero es muy importante. Puede pararse frente a un espejo y preguntarse qué lo detiene. Sea compasivo y tenga un diálogo interno positivo consigo mismo. Si no le gustan ciertos aspectos de usted, siempre puede trabajar para mejorarlos. No podrá hacerlo a menos que se acepte y abrace a sí mismo como *es.*

Confiar en sí mismo

La causa más común de ansiedad incluye temores al éxito, fracaso o los juicios creados por uno mismo. Pueden hacer que se sienta desesperado y desamparado. No tiene que sentir ninguna de estas cosas, tiene el poder de confiar en sí mismo. Puede creer que cometerá errores, pero puede sentirse orgulloso de intentarlo. Puede confiar en sí mismo y encontrar la paz sabiendo que estará bien, incluso si los demás no están de acuerdo con usted. Independientemente de lo que sea, siempre tiene el poder de creer en sí mismo.

Lidiar con las inseguridades

Las inseguridades y las dudas sobre uno mismo pueden ser agobiantes. Si sigue cuestionándose y siempre duda de sus habilidades o de las decisiones que toma, no podrá salir adelante en la vida. Sus inseguridades y dudas lo hacen increíblemente vulnerable, y le hacen temer esta vulnerabilidad al mismo tiempo. Estar abrumado debido a este tipo de pensamientos puede impedirle dar el primer paso hacia el logro de sus objetivos. Si pasa todo su tiempo preocupándose por todas las cosas que pueden salir mal, o sus defectos percibidos, no podrá disfrutar de la vida ni de ningún éxito que se le presente. En esta sección, veremos algunas formas sencillas en las que puede superar las inseguridades y las dudas.

Comprenda sus expectativas

Aquí hay una pregunta simple que debe hacerse: «¿Cuáles son mis expectativas, son realistas?». Si espera demasiado de su objetivo y lo espera demasiado pronto, se está preparando para la decepción. Si sus expectativas no son realistas, solo empeorarán las inseguridades que tenga. Todo el mundo quiere tener éxito, y cuando no obtiene el éxito que espera, la decepción ataca.

El peor escenario posible

Una pregunta que debe responderse es: «¿De qué tengo miedo? ¿Cuál es el peor resultado posible?». Una vez que responda a esta pregunta, sus temores se volverán obvios. Trate de ser lo más realista posible al determinar el peor escenario. Probablemente se dé cuenta de que el peor de los casos no es tan malo como sonaba en su cabeza. Todo se puede solucionar y, si se prepara para el peor escenario posible, puede afrontarlo de forma eficaz si se hace realidad. La preparación es clave para superar los obstáculos en la vida.

Los errores son lecciones invaluables

Cada error que comete no es un fracaso. En cambio, considérelo como una oportunidad para aprender y mejorar. Los errores son lecciones invaluables que la vida está tratando de enseñarle. Entonces, aprenda de sus errores, realice los cambios necesarios y siga adelante. En lugar de preocuparse demasiado por los errores cometidos, tome nota de todas las cosas que puede hacer mejor la próxima vez.

Sea compasivo

Aprenda a ser compasivo, no solo con los demás, sino también con usted mismo. La mayoría somos extremadamente críticos con nosotros mismos. Si cree que es demasiado duro consigo mismo, dese un respiro. Todos cometemos errores y usted no es la excepción. Si un ser querido acudiera a usted para pedirle consejo, ¿no sería compasivo? Ahora es el momento de mostrar la misma compasión hacia usted mismo. Merece un poco de compasión. Deje de ser extremadamente crítico consigo mismo todo el tiempo. La autorreflexión y la crítica constructiva son importantes, pero solo hasta cierto punto. Si deja esta autocrítica sin control, se convertirá en inseguridades paralizantes.

Apreciación

Incluso si las cosas no salen como planeó y no obtiene los resultados que desea, exprese su gratitud por todo lo que soportó. Ha recorrido un largo camino y no es un viaje que deba tomarse a la ligera. En lugar de concentrarse innecesariamente en los intentos fallidos, concéntrese en todo lo bueno que tiene en la vida. En lugar de preocuparse por las críticas que recibió de un par de personas, concéntrese en el aprecio que recibe de los demás. Agradezca todas las cosas buenas que tiene en la vida y se sentirá mejor consigo mismo.

Visualice su éxito

Una forma sencilla de afrontar las inseguridades y las dudas es visualizando el tipo de éxito que desea. Visualice que está seguro, fuerte, feliz; la verdadera representación de todas las cosas que siempre deseó. Visualice cómo se sentiría tener éxito. Haga que esta visualización sea lo más clara y detallada posible. Por ejemplo, si desea un ascenso en el trabajo, visualice cómo se sentiría si lo obtuviera. Independientemente de cuál sea su objetivo, visualice que lo ha logrado con éxito y le dará la motivación para seguir adelante.

Celebre siempre

No olvide celebrar. Celebre todas las tareas que ha realizado y completado con éxito. Podría ser salir a comer con sus seres queridos, irse de vacaciones o incluso asistir a una clase de su pasatiempo. Reconozca lo lejos que ha llegado en la vida. Usted recorrió un largo camino y mucha gente ni siquiera da esos primeros pasos, y bueno, mírese.

Lidiar con las fobias

Una fobia es un miedo irracional al grado en que la persona trata de evitar el objeto o la situación en particular que la asusta. El simple hecho de pensar en la situación u objeto temido puede hacer que una persona entre en pánico y se ponga ansiosa. Siempre que se tiene miedo de una situación específica, o un objeto, se conoce como fobia específica. Hay varios tipos de fobias específicas, incluido el miedo a los espacios pequeños, el miedo a las alturas, el miedo a los fenómenos naturales como las tormentas, el miedo a las aguas profundas, el miedo a los animales como las arañas, el miedo a cosas como la sangre, las agujas o casi cualquier otra cosa que se le ocurra. Cuando se trata de fobias, el individuo se da cuenta de que el miedo que experimenta es irracional o excesivo de alguna manera. Por ejemplo, es normal tener miedo a las serpientes, pero alguien con fobia a las serpientes evitará caminar en los parques porque siente ansiedad de encontrarse con serpientes, incluso si es poco probable. Una fobia también es un tipo de ansiedad o trastorno del estado de ánimo común.

Los síntomas físicos de la fobia incluyen dificultad para respirar, temblores o escalofríos, sensación de mareo, palpitaciones del corazón y sudoración excesiva. Aquí hay algunos consejos y técnicas simples que puede utilizar para superar cualquier fobia que tenga.

Exposición gradual

Una de las formas más efectivas de desensibilizarse de cualquier miedo que tenga es exponerse al miedo en lugar de evitarlo. Esta técnica se conoce como exposición gradual. En esta técnica, debe comenzar a exponerse a su fobia y detenerse cuando el miedo o la ansiedad se vuelvan insoportables. Cada vez que intente esta técnica, intente esforzarse un poco más y repítala hasta que ya no sienta el pánico asociado con su fobia. Esto le permitirá controlar su miedo en lugar de permitir que el miedo lo controle.

Grupos de apoyo

Hay muchos grupos de apoyo a los que puede unirse para conocer a otras personas con ideas afines. Hacer esto le permitirá comprender que no está solo y que hay otros como usted. Hablar con otras personas también puede ayudar a aliviar la ansiedad que siente. También podría proporcionar puntos de vista sobre los diferentes consejos que siguen otros para superar sus fobias, lo que puede resultar útil.

Recopilar información

La mayoría de las fobias se basan en miedos irracionales, y si recopila información sobre lo que le asusta, será más fácil comprender su fobia. Por ejemplo, si tiene miedo a volar, intente comprender cómo funcionan los aviones y todas las medidas de seguridad que tienen. Al recopilar información, se le presentarán hechos concretos que ayudarán a aliviar el miedo irracional que experimenta. Puede que no le ayude a superar la fobia por completo, pero una vez que la comprenda mejor, podrá reducir el miedo que experimenta.

Exposición directa

En esta técnica estará completamente expuesto a su fobia. Debe soportar el miedo hasta que la normalidad vuelva a su curso. Si repite este ejercicio varias veces y se enfrenta al miedo hasta que se dé cuenta de que la situación no es dañina, podrá encarar su fobia. Al final, se dará cuenta de que sus miedos pueden ser desagradables, pero no ponen en peligro su vida. Ayuda a tranquilizar su mente y a calmar sus miedos.

Escalera del miedo

La técnica de la escalera del miedo es bastante similar a la exposición gradual. En esta técnica, se comienza con una situación muy simple y poco a poco se va subiendo hasta que se encuentre cara a cara con su fobia. Por ejemplo, si le tiene miedo a las serpientes, puede comenzar mirando una foto de una serpiente, luego mirar una serpiente a través de una ventana y tal vez incluso pararse junto a ella en un entorno seguro (como un zoológico interactivo). Puede que esta no sea una técnica ideal para tratar todo tipo de fobias, pero es un método eficaz para tratar cualquier fobia asociada a objetos o cosas.

Todas las diferentes técnicas para superar las fobias discutidas en esta sección ayudarán a regir su miedo en lugar de permitir que su miedo lo rija a usted.

Capítulo diez: Técnicas de meditación de atención plena para mentes ansiosas

Cuando comienza a experimentar demasiado estrés, desencadena ansiedad. La ansiedad desencadena la respuesta de luchar o huir en su cuerpo, lo que le hace sentir siempre alerta. Cuando este sentimiento no desaparece y en cambio se convierte en ruido de fondo, es hora de buscar ayuda. Las tres formas sencillas de calmar su ansiedad son: técnicas de atención plena, concentrarse en la respiración y concentrarse en su cuerpo.

La atención plena le permite lidiar con los sentimientos difíciles sin reprimirlos, analizarlos en exceso o alentarlos. Cuando comienza a sentir y reconocer todas sus emociones sin ningún juicio, se vuelve más fácil lidiar con ellas. La atención plena le da la oportunidad de explorar las razones subyacentes del estrés o la ansiedad que siente. En lugar de desperdiciar su energía tratando de ignorar o combatir su ansiedad, la atención plena le permite comprender las razones detrás de ella. La atención plena también crea un espacio seguro a su alrededor para que los sentimientos no lo abrumen. Cuando pueda comprender las causas subyacentes de su estrés, podrá tomar acciones correctivas para prevenir tales situaciones en el futuro.

La meditación es una de las mejores técnicas que puede utilizar para calmar una mente ansiosa. La meditación también es la clave para la atención plena. Cuando comienza a ser consciente del momento en el que vive, tiene la oportunidad de explorar diferentes recursos internos que nunca supo que tenía. Además, este enfoque calma su mente de manera efectiva. Por lo general, tenemos una idea clara de todas las cosas que queremos o no queremos en nuestras vidas. Sin embargo, podemos sentirnos abrumados por las diferentes situaciones que enfrentamos y olvidarnos de esta conciencia básica que tenemos. La meditación le permite acceder a esta conciencia para mejorar.

Técnicas de meditación

En esta sección, veremos dos meditaciones simples que puede seguir para deshacerse de la ansiedad.

Meditación para aliviar la ansiedad

Si sigue este ejercicio con regularidad, se sentirá más relajado y estará en una mejor posición para lidiar con cualquier ansiedad que experimente. Este simple ejercicio de meditación le ayudará a liberar la tensión, aliviar el estrés y disfrutar de un estado de calma.

Empiece por encontrar un lugar tranquilo y cómodo. Tiene la opción de sentarse con las piernas cruzadas en el suelo o acostarse. Ahora, coloque los brazos a los lados y mantenga las piernas estiradas y rectas. Concéntrese en controlar su concentración; puede cerrar los ojos o fijarse en un solo punto u objeto. Mantenga los ojos cerrados, respire profundamente por la nariz y permita que el oxígeno llene sus pulmones. Exhale suavemente y permita que el aire salga lentamente de su cuerpo.

Inhale lenta y profundamente por la nariz. Exhale lentamente por la boca.

Inhale lentamente y exhale lentamente.

Inhale lentamente y exhale lentamente.

Siga haciéndolo y su cuerpo comenzará a sentirse más tranquilo y relajado. No tiene que realizar nada en este momento, y el único lugar donde debe permanecer es aquí mismo, en el momento. Se merece este tipo de tranquilidad y eso mejorará su productividad y concentración en general. No tiene nada de qué preocuparse y necesita este tiempo para relajarse.

Siga respirando lentamente y mantenga un ritmo constante de respiración. Mientras lo hace, cambie lentamente la atención a su cuerpo. ¿Cómo se siente su cuerpo? ¿Cómo se siente en diferentes partes de su cuerpo? ¿Nota alguna tensión o estrés en una zona específica? No tiene que intentar cambiar nada y todo lo que necesita es simplemente observar. No juzgue los sentimientos y dígase a sí mismo que sus sentimientos son válidos y están justificados. Observe cualquier signo de estrés o tensión y anótelo para poder volver a él más tarde.

Realice un escaneo mental de su cuerpo; comenzando desde la coronilla hasta la punta de los dedos de los pies. Equilibre cada área y observe cualquier tensión presente. Observe cómo se sienten las diferentes partes de su cuerpo. Comience lentamente con la coronilla, muévase hacia el área del cuello y los hombros, luego baje hasta el pecho, los brazos, la barriga, las caderas, las piernas y haga esto hasta llegar a la punta de los dedos de los pies. Ahora, regrese a sus observaciones anteriores e intente notar qué área parece más tensa. Comience a concentrarse en esa área y permita que sus músculos se relajen.

Cualquier tensión que note se debe a la contracción involuntaria de los músculos. Al relajarlos voluntariamente, está deseando que se liberen del estrés. Ahora, observe cómo se siente estar relajado. Imagine que esta cálida y maravillosa sensación de relajación recorre y se extiende por todo su cuerpo. A medida que sienta que su cuerpo se relaja físicamente, la ansiedad mental disminuirá. Siempre que inhala, su cuerpo absorbe oxígeno y se relaja, y mientras exhala, libera la ansiedad y el dióxido de carbono. Visualice una pequeña bola formándose frente a su cuerpo cada vez que exhala. La pelota contiene toda la ansiedad y la tensión presentes en su cuerpo. Con cada respiración que exhala, esta bola comienza a agrandarse. Imagine las diferentes áreas de tensión y visualice que está expulsando la ansiedad presente en su interior.

Ahora es el momento de realizar un escaneo corporal para notar cómo se siente. ¿Se encuentra más ligero y un poco más tranquilo? Visualice que su cuerpo está hecho de una sustancia sólida que se puede derretir. En este momento, su cuerpo puede sentirse como si estuviera hecho de una sustancia sólida opaca y fuerte. Visualice que una sensación de calor comienza a extenderse lentamente desde sus manos y pies por todo su cuerpo. Esta energía cálida está derritiendo lentamente la sustancia sólida y haciendo que su cuerpo sea más fluido. A medida que su cuerpo comienza a ablandarse, empieza a sentirse más tranquilo y relajado. Disfrute de esta sensación de relajación y concéntrese en aferrarse a ella.

Es hora de concentrarse en sus pensamientos. Puede usar un mantra, afirmaciones positivas o incluso una frase para calmar su mente. Puede repetir la palabra «Relájate» una y otra vez para calmar su mente conscientemente. Incluso si hay varios pensamientos presentes en su mente, no se detenga en ellos ahora. Puede volver a ellos después de que termine la meditación. Por ahora, concéntrese solo en relajar completamente la mente. Al repetir «Relájate» una y otra vez, esta palabra se incrusta en su subconsciente y permanecerá con usted todo el día.

Inhale y diga la palabra «Relájate».

Exhale y diga la palabra «Relájate».

Siga haciendo esto hasta que finalmente se sienta tranquilo y sereno. Siempre que su mente comience a desviarse, concéntrese en esta palabra una vez más. La sensación de calma que está experimentando en este momento permanecerá con usted todo el día. Puede aprovechar su energía siempre que se sienta ansioso o estresado.

Una vez que esté listo, es hora de terminar la meditación. Para esto, vuelva a poner toda su atención en la respiración y concéntrese solo en la respiración. Hágalo durante uno o dos minutos, luego abra lentamente los ojos y vuelva a su rutina.

Meditación para un alivio instantáneo

Los síntomas más comunes de ansiedad incluyen tensión en los músculos, respiración rápida y superficial, pensamientos inquietantes y contracción involuntaria de los músculos del cuerpo. Al usar esta simple meditación siempre que se sienta ansioso, puede obtener una relajación rápida.

Empiece por encontrar un lugar tranquilo y cómodo Puede sentarse o acostarse según su conveniencia. Empiece a concentrarse en su respiración y respire profundamente. Respire lentamente por la nariz y exhale lentamente por la boca. Mantenga un ritmo constante y tranquilo y continúe respirando lenta y profundamente. Siguiendo esta sencilla técnica de respiración, puede calmar su mente y reponerse con suficiente oxígeno en todo su cuerpo. Mientras tanto, trate de ponerse lo más cómodo posible. De hecho, su comodidad debe ser su única prioridad en este momento. Si se siente ansioso, aquí hay algunas frases simples que puede usar para calmarse.

«Me siento ansioso, pero sé que estoy bien. Este sentimiento pasará y no tengo que preocuparme. Estoy en un lugar seguro y nadie puede hacerme daño. Sé que estoy a salvo, pero mi ansiedad me asusta. Sé que estaré bien en un tiempo. Esperaré a que la ansiedad disminuya y me concentraré en ponerme cómodo. Puedo controlar mis pensamientos y puedo relajar mi mente».

Puede decir esto en voz alta o repetirlo mentalmente hasta que se sienta tranquilo. Dirija toda su atención a las oraciones que pronuncia y no piense en nada más. Incluso si comienzan a aparecer pensamientos aleatorios en su mente, déjelos pasar. No los juzgue y ciertamente no intente cambiarlos. Concéntrese solo en lo que desea obtener con este ejercicio de meditación.

Siga tranquilizándose y calme su mente. Respire lenta y profundamente. Exhale lentamente. Continúe repitiendo estos mensajes hasta que su mente esté en calma, para que su cuerpo pueda escapar de cualquier peligro aparente al que responda. Dado que su mente no puede distinguir entre un peligro real o imaginario, esta reacción es provocada por cualquier forma de estrés. Su cuerpo también libera mucha adrenalina cuando está estresado y esto puede resultar en temblores. Para deshacerse de ellos, sacúdase.

Empiece por sacudir sus manos como si estuviera agitando el agua. Deje que sus manos se relajen y colóquelas a su lado. Después de sus manos, sacuda sus brazos. Luego sacuda los hombros, el cuello, la cabeza, las piernas y después todo el cuerpo. Básicamente, mueva su cuerpo para eliminar la ansiedad que siente. Haga esto durante un par de minutos y se sentirá mejor.

Ahora, coloque las manos a los costados y sienta el curso de relajación a través de su cuerpo. Siga respirando de manera uniforme y cuente hasta diez. Piense en todo tipo de ideas tranquilizadoras. Estos son los pasos que puede seguir mientras respira contando hasta diez:

Uno: estoy tranquilo.

Dos: estoy relajado.

Tres: estoy tranquilo.

Cuatro: estoy relajado.

Cinco: estoy tranquilo.

Seis: estoy relajado.

Siete: estoy tranquilo.

Ocho, estoy relajado.

Nueve: estoy tranquilo.

Diez: estoy relajado.

Ahora, concentre toda su atención en su cuerpo y busque las zonas donde los músculos se sientan tensos. Intente relajar sus músculos conscientemente siempre que note tal tensión. Empiece por dejar que su mandíbula se relaje para que sus dientes no se toquen. Después de esto, baje los hombros y muévalos suavemente. Si lo desea, puede incluso balancear los brazos y dejar que se relajen. Coloque los brazos sobre la cabeza y estírese lo más alto que pueda. Sienta el estiramiento de sus músculos y gire lentamente la cabeza hacia la izquierda y luego hacia la derecha. Mire hacia adelante y luego hacia abajo. Al hacer esto, está eliminando cualquier rastro de ansiedad que haya quedado en su cuerpo.

Continúe así hasta que se sienta relajado. Una vez que su mente se sienta tranquila, es hora de terminar la meditación. Concéntrese en su respiración durante uno o dos minutos y luego vuelva a su realidad.

Capítulo once: TOC - 11 formas conscientes de vencer a la mente obsesiva

¿Qué es el TOC?

El TOC o trastorno obsesivo compulsivo es un problema de salud mental en el que un individuo experimenta sensaciones y pensamientos no deseados repetidamente, o tiene una necesidad compulsiva de realizar una actividad específica una y otra vez. Algunas personas tienden a experimentar tanto obsesión como compulsión. Morderse las uñas repetidamente o tener pensamientos indeseables no es TOC. Un ejemplo de pensamiento obsesivo es creer que colores o números específicos son buenos o malos. Un ejemplo de un hábito compulsivo sería lavarse las manos cinco veces cuando toca algo que considera sucio. Es posible que desee dejar de hacer estas cosas o de tener estos pensamientos, pero se siente impotente para detenerlos. Todos tendemos a tener ciertos pensamientos o hábitos que repetimos a veces. Sin embargo, las personas con TOC se entregan a acciones o pensamientos que toman al menos una hora diaria, no son agradables para ellos, están absolutamente fuera de su control y afectan negativamente su vida social, trabajo o cualquier otro aspecto de la vida.

Tipos de TOC

Hay varias formas de TOC y generalmente se pueden clasificar en las siguientes cuatro categorías:

Contaminación

En este tipo de TOC, es posible que experimente una necesidad compulsiva de mantener las cosas limpias. Es casi como si le aterrorizaran las cosas que podrían estar sucias. La contaminación no se limita a las cosas físicas, sino que también puede ser mental: sentirse tratado como basura o suciedad.

Rumia

Una obsesión innegable por llevar una determinada línea de pensamiento. Estos pensamientos suelen ser intrusivos y, en ocasiones, pueden resultar perturbadores o violentos.

Comprobación

La necesidad constante de comprobar y volver a comprobar cosas como alarmas, cerraduras, puertas, hornos, interruptores, etc. También podría significar que no puede evitar pensar que podría tener una afección mental como la esquizofrenia o que está embarazada, por ejemplo.

Orden y simetría

Una obsesión por el orden o la simetría y la necesidad de disponer las cosas de determinada forma.

La mayoría de las personas con TOC suelen darse cuenta de que sus hábitos o pensamientos no tienen sentido. No se ven obligados a tener ciertos pensamientos o realizar ciertas acciones porque los encuentren placenteros, sino porque no pueden detenerse. Incluso si se detienen, se sienten tan mal por ello que retoman sus pensamientos y hábitos. A continuación, se muestran algunos ejemplos de pensamientos y comportamientos obsesivos:

- Cualquier preocupación por lastimarse o lastimar a otros.
- Conciencia continua de la respiración, el parpadeo o cualquier otra sensación corporal.
- Sospechar o dudar de los demás, incluso cuando no tenga motivos para creer en sus sospechas.
- La necesidad constante de contar cosas como monedas, botellas o pasos.
- Seguir un orden específico al realizar ciertas cosas, o llevarlas a cabo un par de veces porque cree que es bueno.
- Miedo extremo a usar baños públicos, tocar los picaportes de las puertas o dar la mano.

Factores de riesgo

Las causas del TOC no están del todo claras, pero se cree que el estrés a menudo empeora los síntomas. Los signos de TOC generalmente comienzan a aparecer en adolescentes o adultos jóvenes. Un par de factores de riesgo para el TOC incluyen tener un padre, un hijo o un hermano con TOC, experimentar un trauma, lidiar con abuso físico o sexual en la infancia, depresión o ansiedad, o cualquier diferencia física en áreas específicas del cerebro. Los terapeutas capacitados y los profesionales médicos pueden diagnosticar el TOC.

Maneras conscientes de superar el TOC

La atención plena es una forma eficaz de abordar la ansiedad, ya que pone gran énfasis en comprender y aceptar los pensamientos. Siempre que un pensamiento perturbador aparezca en su cabeza, permita que exista en su mente sin darle ningún significado. No trate de juzgar el pensamiento, no lo cambie y finalmente desaparecerá. La atención plena le enseña a dejar pasar los pensamientos, en lugar de dedicar su tiempo a pensar si deberían o no existir en primer lugar. Esta habilidad sin duda es útil cuando se trata de pensamientos intrusivos asociados con el TOC.

Técnica 1: No compararse

Nunca se compare con quienes lo rodean. Solo porque alguien parezca feliz o relajado, no es necesario estar a su altura. No se preocupe por los estándares y expectativas sociales. No se sienta culpable por las obsesiones o compulsiones que tenga. Comprenda que el TOC es un trastorno y usted no lo pidió. Aprender a gestionarlo es su responsabilidad.

Técnica 2: No estar solo

A veces, es posible que sienta la necesidad de aislarse o permitirse cualquier patrón de pensamiento negativo. A menudo, los pensamientos intrusivos provocados por el TOC se dirigen hacia la autolesión o cualquier comportamiento dañino. Si siente que se inclina hacia algo indeseable o tiene pensamientos preocupantes, no se quede solo. Salga y pase un tiempo con sus seres queridos o busque ayuda profesional. Practique las habilidades simples de atención plena que se discutieron en los capítulos anteriores para ser más consciente de sus pensamientos.

Técnica 3: Hora de las preocupaciones

Se vuelve difícil dejar de obsesionarse con ciertos patrones de pensamiento o exhibir comportamientos compulsivos cuando tiene TOC. En lugar de intentar ignorar o evitar tales patrones, puede reservar un intervalo de tiempo específico para pensar. Podría ser su momento de preocupación. Durante este período, permita que su mente corra libremente y permita que todos los diferentes pensamientos pasen por su mente. No cambie los pensamientos y no se juzgue por tenerlos.

Técnica 4: Escuchar música

Una técnica de distracción simple y maravillosamente útil es escuchar música. Siempre que sienta que su TOC se activa, tómese un tiempo y escuche algo de música que disfrute. Podría ser algo alegre o relajante. Escuche sus canciones favoritas y, si puede, intente cantarlas. Haga esto incluso si no es un buen cantante. Simplemente déjese llevar y deje que su mente se relaje.

Técnica 5: Actitud de todo o nada

Deje de lado la mentalidad de todo o nada al tratar con el TOC. Habrá ocasiones en las que resbale y vuelva a caer en sus viejos patrones de TOC. Si eso sucede, repítase a sí mismo que es solo un desliz y siga adelante. No comience a obsesionarse con eso, o podría terminar formando una nueva compulsión u obsesión. La atención plena no es fácil y requiere mucha práctica. Al realizar un trabajo a largo plazo, existe la posibilidad de que termine cometiendo errores. Al igual que con cualquier otra habilidad, a menos que continúe practicándola, no podrá dominar la atención plena. En este proceso, habrá un par de deslices. Por lo tanto, espere los deslices y no permita que dañen su moral.

Técnica 6: Esperar lo inesperado

Un pensamiento obsesivo o intrusivo no avisará antes de presentarse. Puede tener esos pensamientos en cualquier lugar y en cualquier momento. A veces, un pensamiento antiguo puede presentarse o se puede desarrollar uno nuevo. Independientemente de esto, no se deje tomar por sorpresa y siempre prepárese para lo inesperado. Siempre que se le ocurra un pensamiento obsesivo, utilice cualquiera de las técnicas anteriores para lidiar con él.

Técnica 7: No evite pensar

No pierda su tiempo y energía tratando de evitar sus pensamientos o de no pensar. Es imposible y los resultados que se obtienen a menudo son opuestos a los esperados. De hecho, cuanto más se diga a sí mismo que no debe pensar en algo, más fuerte será la necesidad de pensar en ello. Si desea detener ciertos pensamientos, simplemente debe permitir que pasen por su mente. Cuando no les da ninguna importancia o ningún significado, desaparecerán lentamente.

Técnica 8: Reconozca sus pensamientos

No intente detener ninguno de sus pensamientos. Este consejo es quizás más fácil de decir que de hacer. Tenga en cuenta que los pensamientos no son más que una colección de palabras al azar en su mente y no pueden ser peligrosos a menos que actúe en consecuencia. No tiene que tomarse sus pensamientos en serio, solo porque aparecieron en su mente. No tiene la obligación de actuar en consecuencia. No se juzgue a sí mismo basándose en sus pensamientos. Puede ser difícil, pero no aleje sus pensamientos; trate de reconocerlos. Cuando trata de alejarlos, volverán para perseguirle y es posible que aumente su obsesión por ellos. Para evitarlo, es mejor reconocer que existen, en lugar de resistirse. Permita que sus pensamientos vayan y vengan sin ningún juicio. No se enoje consigo mismo por tener estos pensamientos. Como se mencionó anteriormente, no son más que un conjunto aleatorio de palabras. Comprenda que sus pensamientos son reales y no lo hacen verse mal. A menos que actúe con base en ellos, los pensamientos no tienen poder.

Técnica 9: No toxicidad

Los síntomas del TOC empeoran con el estrés. Al controlar y limitar el estrés que experimenta, puede reducir la intensidad de los síntomas del TOC. Una excelente manera de dejar de lado el estrés innecesario en su vida es deshacerse de las personas tóxicas. Las personas que irradian negatividad le deprimirán mentalmente. En cambio, concéntrese en rodearse de sus simpatizantes y de todos aquellos que realmente quieran ayudarlo. Comience a priorizar todas las relaciones que tiene en la vida. Trate de reemplazar las malas por otras más deseables y positivas.

Técnica 10: La ansiedad no es igual siempre

La intensidad de la ansiedad que experimente será diferente. A veces, puede ser bastante intensa y, a veces, puede ser leve. La ansiedad es casi como el océano. Algunos días, las aguas están agitadas; otros días, el océano está quieto y se navega sin problemas hasta el final. Por lo tanto, prepárese para lidiar con sus síntomas. Habrá días buenos y malos. Es importante saborear lo bueno que se le presenta, pero prepárese también para los momentos amargos.

Técnica 11: Meditación de atención plena

La meditación de atención plena es una excelente manera de reunir sus pensamientos y calmar su mente. Le permite comenzar a ver sus pensamientos de manera objetiva sin ceder al impulso de juzgarlos o analizarlos en exceso. Usted empieza a ser más consciente de todos sus pensamientos. También le enseña a desapegarse de sus pensamientos y a verlos a distancia. La probabilidad de verse afectado por pensamientos perturbadores, incluidas las obsesiones asociadas con el TOC, se puede reducir siguiendo esta estrategia. Para comenzar con la meditación de atención plena, concéntrese en respirar profundamente un par de veces. Mientras respira, observe los diferentes pensamientos, miedos, sensaciones, preocupaciones o ansiedades que ocurren en su mente. Solo necesita notarlos y no tratar de alejarlos. Trate de observar lo que sucede cuando deja a los pensamientos en paz y permite que pasen libremente por su mente. Mientras lo hace, es posible que se sienta más ansioso en las etapas iniciales. Sucede porque finalmente se encuentra cara a cara con los diferentes pensamientos, problemas y ansiedades que le preocupan. Después de un tiempo, comienza a acostumbrarse a ellos y puede permitir que existan en su mente sin actuar sobre ellos.

Puede utilizar cualquiera de las diferentes técnicas de meditación de atención plena que se comentaron en los capítulos anteriores.

Capítulo doce: Cómo detener un ataque de pánico con atención plena

¿Qué es un ataque de pánico?

El inicio abrupto de una potente incomodidad o miedo que alcanza su punto máximo en unos pocos minutos. Un ataque de pánico incluye al menos cuatro de los síntomas que se describen a continuación:

- Malestar o dolor de pecho.
- Aumento de la frecuencia cardíaca, palpitaciones o latidos del corazón.
- Sudoración excesiva.
- Temblores.
- Aturdimiento, debilidad, mareo o incluso inestabilidad.
- Bochornos o escalofríos.
- Sensación de entumecimiento u hormigueo.
- Desrealización.
- Despersonalización.
- Malestar abdominal o náuseas.

- Sensación de asfixia.
- Dificultad para respirar.
- Miedo a volverse loco o perder el control absoluto.
- Miedo a la muerte.

Los síntomas físicos como palpitaciones del corazón o la formación de un hoyo en el estómago se asocian comúnmente con la ansiedad. Por lo tanto, puede sonar bastante similar a un ataque de pánico. Lo único que diferencia la ansiedad de un ataque de pánico es una mayor intensidad y duración de sus síntomas. Los ataques de pánico tardan unos diez minutos en intensificarse por completo y luego comienzan a remitir. Al tener en cuenta la intensidad de los síntomas asociados con este, se asemejan a los síntomas asociados con trastornos respiratorios, enfermedades cardiovasculares o cualquier otra enfermedad crónica. Por lo general, las personas con trastornos de pánico suelen buscar ayuda médica inmediata porque creen erróneamente que están sufriendo un problema que pone en peligro su vida.

Los ataques de pánico ocurren de la nada incluso cuando está tranquilo. Los ataques de pánico se asocian comúnmente con el trastorno de pánico, pero las personas con otros tipos de trastornos psicológicos también pueden experimentarlos. Por ejemplo, para alguien que tiene un trastorno de ansiedad social, podría tener un ataque de pánico antes de dar un discurso, o alguien con TOC podría tener un ataque de pánico cuando se le impida participar en cualquier ritual compulsivo.

Los ataques de pánico no solo son atemorizantes, sino también extremadamente angustiantes. Debido a esto, quienes experimentan ataques de pánico frecuentes se preocupan por el próximo ataque y tratan de cambiar su estilo de vida para evitarlos. Por ejemplo, pueden evitar ciertos lugares que provocan pánico o hacer más ejercicio para estabilizar su frecuencia cardíaca.

Consejos para hacer frente a los ataques de pánico

Reconocer los síntomas

Repase la lista de síntomas discutidos en la sección anterior. Dedique algún tiempo a la autorreflexión y piense en todas las veces en las que experimentó un ataque de pánico. ¿Cuáles fueron los diferentes síntomas que notó? Se identificará con al menos algunos de los síntomas discutidos en la lista mencionada anteriormente. Así que, la próxima vez que comience a experimentar alguno de estos síntomas, es una señal de que está a punto de tener un ataque de pánico. A veces, el simple hecho de reconocer que está teniendo un ataque de pánico reduce el estrés asociado con el incidente. Por ejemplo, cuando reconoce que está teniendo un ataque de pánico y no un ataque cardíaco, se vuelve más fácil asegurarse de que pasará y no tiene que preocuparse por ello. Al eliminar el miedo de que algo malo le esté sucediendo, puede calmar su mente. También le da la oportunidad de practicar las otras técnicas que se describen a continuación para reducir la intensidad del ataque de pánico.

Respiración profunda

La hiperventilación es uno de los síntomas más comunes de un ataque de pánico. Esto también puede aumentar el miedo asociado con experimentar tal ataque. Para contrarrestar estos sentimientos, emplee la respiración profunda. Una vez que tenga su respiración bajo control, la probabilidad de hiperventilación también se reducirá. Dado que la hiperventilación empeora los síntomas de un ataque de pánico, la respiración profunda es útil para ayudar a controlarlo.

Concéntrese en tomar respiraciones largas y profundas. Respire lentamente y exhale lentamente. Siempre inhale por la nariz y exhale por la boca. Observe cómo se siente cuando el aire comienza a llenar lentamente la cavidad torácica junto con el abdomen. Luego, permítase exhalar lentamente por la boca. Aquí hay un ejercicio simple de respiración que se intentar para reducir las posibilidades de hiperventilación.

Inhale mientras cuenta hasta cuatro: uno, dos, tres, cuatro.

Aguante la respiración por un segundo.

Exhale mientras cuenta hasta cuatro: uno, dos, tres, cuatro.

Repita este ejercicio hasta que su respiración se normalice.

Practicar la atención plena

Los ataques de pánico a menudo hacen que las personas sientan que están perdiendo el control de la realidad o que se alejan de ella. Para contrarrestar esos sentimientos, puede utilizar la atención plena para mantenerse conectado a tierra. En lugar del pánico que invade su cuerpo, concéntrese en todas las sensaciones físicas que le parecen familiares. Por ejemplo, puede poner los pies en el suelo o sentir la textura de la superficie bajo sus pies. Puede pasar las manos por sus pantalones y sentir el material suave. Estas son algunas sensaciones específicas que le permiten permanecer en el momento, en lugar de sentirse abrumado por emociones o sentimientos desagradables. Cualquier forma de estimulación sensorial ayuda a distraer la mente y reduce los síntomas de un ataque de pánico.

Cierre sus ojos

Ciertos disparadores pueden abrumarlo rápidamente. Por ejemplo, la música fuerte o incluso la violencia en la televisión pueden desencadenar un ataque de pánico. Cuando está en un entorno con muchos estímulos, aumenta el estrés en sus sentidos y empeora el ataque de pánico. La forma más sencilla de protegerse de la estimulación excesiva es cerrar los ojos. Siempre que sienta que el pánico se apodera de usted, cierre los ojos lo más fuerte que pueda y dé un paso atrás. Al bloquear todos los estímulos innecesarios, es más fácil concentrarse en su respiración. Una vez que comience a concentrarse en su respiración, será más fácil regular sus emociones. Es una técnica simple de atención plena que le permite permanecer conectado a tierra en el momento.

Relajación muscular

Olvídese de todo por un momento y dirija toda su atención hacia su cuerpo. Concéntrese en cada parte de su cuerpo e intente comprender lo que siente. ¿Cree que sus músculos se tensan? ¿Puede sentir alguna sensación en los dedos de los pies o en las manos? ¿Qué siente cuando mueve los dedos de los pies? ¿Nota algún cambio en las sensaciones generales cuando comienza a concentrarse en su respiración? ¿Cómo se siente su cuerpo cada vez que inhala y exhala? Independientemente de lo que sienta, permítase sentirlo plenamente. No intente cambiar ninguno de sus sentimientos y simplemente comprenda lo que siente.

Concentración

Otra técnica simple que puede probar es enfocarse en un objeto y dirigir toda su atención hacia él durante el ataque de pánico. Concéntrese en un objeto específico que esté en su línea de visión y dirija toda su atención hacia él. El objeto debe ser el foco de su mente. Trate de hacer consciencia y notar todo lo posible al respecto. Por ejemplo, puede notar cómo las manecillas de un reloj se mueven a medida que pasa el tiempo. Quizás el reloj esté inclinado o no esté alineado correctamente. Observe todos estos detalles e intente describir los colores, patrones, formas y tamaños. Describa todo lo que pueda pensar sobre el objeto y hágalo hasta que se sienta más tranquilo. Al darle a su mente otra cosa en la que concentrarse, la distrae del pánico que se apodera de sí.

Ejercicio ligero

Cuando entra en pánico, su corazón late más rápido y aumenta el flujo sanguíneo en su cuerpo. La forma más sencilla de redirigir este flujo sanguíneo hacia algo más positivo es realizar un poco de ejercicio ligero. Cuando su sangre bombea rápidamente debido al ejercicio, su cuerpo comienza a liberar endorfinas. Permita que su cuerpo se inunde de endorfinas; esto ayuda a mejorar su estado de ánimo. Siempre que empiece a sentirse estresado, opte por ejercicios suaves como nadar o caminar. Sin embargo, no intente ningún tipo de ejercicio si comienza a hiperventilar o tiene dificultades para respirar. Lo primero que debe hacer en tal situación es recuperar el aliento. Si está de pie y comienza a hiperventilar, siéntese, coloque la cabeza entre las rodillas y trate de respirar lenta y constantemente. Piense en un lugar relajante o repita una afirmación positiva para calmar su mente y estabilizar su respiración. Una vez que su respiración se haya estabilizado, puede dar una caminata corta y respirar un poco de aire fresco.

Lugar feliz

Todos tendemos a tener ciertos lugares que nos hacen increíblemente felices. Siempre que tenga un ataque de pánico, piense en su lugar feliz. ¿Cuál es el único lugar en este mundo que siempre le hace feliz y al instante le levanta el ánimo? Quizás sea la orilla del mar, la comodidad de su cama o una cabaña en la montaña. Una vez que esté consciente del lugar feliz, comience a visualizarlo como si estuviera allí. Haga que su visualización sea lo más detallada posible y piense en todas las diferentes experiencias sensoriales asociadas con su lugar feliz. Por ejemplo, si es la orilla del mar, visualice una playa de arena con un mar azul cristalino y un sol brillante. Visualice cómo se sentiría cuando la luz del sol caiga suavemente sobre su rostro, mientras el agua acaricia sus pies y su cabello vuela con la brisa del mar. Disfrute de todas estas experiencias sensoriales y visualícelas. Ayudará a calmar su mente en pánico.

Repita un mantra

Puede repetir un mantra o proponer una afirmación positiva. Al repetir la misma oración un par de veces, su mente se distrae efectivamente y lo calma. Dado que un ataque de pánico puede durar diez minutos o más, debe mantener la calma durante este proceso. Para ayudar a mantener la calma, use un mantra o una afirmación positiva como «Estoy entrando en pánico, pero pasará» o cualquier otra cosa que funcione para usted. Siga repitiéndolo hasta que sienta que el pánico se calma y finalmente desaparece.

Lavanda

El aroma de lavanda se usa comúnmente para aliviar el estrés. La lavanda puede ayudar a que su cuerpo se relaje, especialmente cuando es propenso a sufrir ataques de pánico. Por lo tanto, siempre tenga a mano un poco de aceite esencial de lavanda. Siempre que experimente un ataque de pánico, simplemente aplique un par de gotas de este aceite en su mano o antebrazos y huela. Trate de respirar su aroma relajante. Alternativamente, también puede beber un poco de té de lavanda o manzanilla. Ambos ingredientes son extremadamente relajantes para la mente y el cuerpo. Si bebe una taza de té de manzanilla antes de acostarse, puede mejorar la calidad de sueño que obtiene por la noche.

Reconozca su entorno

Para algunas personas, es útil cerrar los ojos mientras experimentan un ataque de pánico. Sin embargo, para otros, solo empeora el pánico que sienten. Si se encuentra entre los últimos, mantenga los ojos abiertos. Siempre que ocurra un ataque de pánico, mantenga los ojos bien abiertos y trate de reconocer su entorno. Básicamente, permita que su mente se concentre en el presente en lugar de preocuparse por el pánico abrumador que siente. Empiece por mirar sus manos, sus pies, el techo, el suelo bajo sus pies o cualquier otra cosa a su alrededor. Puede sonar un poco tonto, pero funciona. Empiece por reconocer mentalmente todo lo que ve a su alrededor. Concéntrese en un objeto y luego pase a otro. También es una excelente manera de aprender a ser consciente del presente sin sentirse abrumado por el ataque de pánico.

Si sigue los sencillos consejos que se explican en esta sección, puede gestionar eficazmente un ataque de pánico sin permitir que controle su vida. Además, todos estos consejos le harán sentir más consciente en su vida cotidiana. Siempre que se sienta ansioso, puede intentar seguir los pasos para reducir su ansiedad y prevenir un ataque de pánico.

Capítulo trece: Trauma y TEPT: Cómo pueden ayudar la DBT y la atención plena

¿Qué es el TEPT?

Cualquiera que haya sufrido un trauma puede experimentar todos los desafíos emocionales asociados con el evento traumático, mucho después de ocurrir. Las personas tienden a experimentar dificultades psicológicas después de vivir cualquier trauma, pero la intensidad de sus síntomas a menudo se reduce con el tiempo. Sin embargo, esto no sucede en personas con trastorno de estrés postraumático (TEPT). En este trastorno, un individuo continúa experimentando la angustia sin que haya signos de disminución a corto plazo.

El Manual de diagnosis y estadística de trastornos mentales (DSM-5) es un manual que utilizan los profesionales clínicos para diagnosticar problemas de salud mental. Inicialmente, este manual clasificaba el trastorno de estrés postraumático como un trastorno de ansiedad, pero ahora se ha reclasificado en la categoría que incluye los trastornos asociados con trauma y factores estresantes. El trastorno de estrés postraumático a menudo se desarrolla después de experimentar un evento traumático. Este evento puede ser aislado o puede ser en forma de experiencias traumáticas crónicas y recurrentes. Existen una variedad de dificultades emocionales y síntomas asociados con el TEPT que inducen una angustia significativa y afectan la capacidad de un individuo para interactuar socialmente, trabajar de manera efectiva y otras áreas importantes de la vida.

Algunos de los factores que pueden contribuir al TEPT incluyen: el tipo de trauma y su intensidad; el género de la persona, su estado civil, la edad, la condición de salud física y la condición de salud mental; sus respuestas emocionales durante el trauma; el sistema de apoyo emocional; y la experimentación de factores estresantes adicionales después del trauma. Hay diferentes tipos de TEPT. Tres subtipos de TEPT son: el TEPT preescolar, complejo y de aparición tardía. Si sufre de trastorno de estrés postraumático, busque asesoramiento y apoyo profesional.

No solo los adultos; incluso los niños pequeños pueden experimentar síntomas de TEPT. Siempre que vivan eventos traumáticos o sean testigos de eventos traumáticos, pueden experimentar angustia emocional después de ocurrido el evento. Los síntomas de desrealización o despersonalización se consideran un subtipo disociativo de TEPT. Desrealización es el término que se utiliza para describir una condición en la que una persona siente las cosas a su alrededor como si no fueran reales y no se siente familiarizada ni conectada con el mundo que la rodea. En la despersonalización, el individuo comienza a experimentar eventos como si estuviera observando desde fuera de su cuerpo y él mismo no fuera real. En el TEPT de aparición tardía, un individuo no comienza a experimentar los diferentes síntomas hasta al menos seis meses después de ocurrido el evento traumático. A veces, las personas pueden experimentar ciertos casos aislados y graves de trauma, como asalto, abuso sexual o un accidente horrible. Se cree que estos casos son aislados ya que las posibilidades de que vuelvan a ocurrir son bajas. Hay diferentes tipos de trauma, que pueden ser recurrentes, como violencia doméstica, negligencia infantil o abuso sexual. Siempre que una persona tenga un trastorno de estrés postraumático complejo, comenzará a revivir el evento una y otra vez, mucho después de que haya ocurrido.

La experiencia de un individuo con el TEPT siempre será única. Los síntomas comunes del TEPT son volver a experimentar o revivir aspectos de lo sucedido, hiperactividad, evasión y pensamientos o creencias negativos. Veamos con más detalle estos síntomas:

- Tener con frecuencia pensamientos o recuerdos perturbadores asociados con un evento traumático.
- Pesadillas recurrentes e incapacidad para conciliar el sueño por la noche.
- Sentimientos extremos de angustia cada vez que se le recuerda el evento traumático.
- Experimentar síntomas físicos como palpitaciones o sudoración excesiva siempre que recuerde el evento traumático.
- Revivir el evento a través de *flashbacks* en los que siente como si el evento traumático estuviera ocurriendo nuevamente.
- Los signos de hiperactividad incluyen dificultad para conciliar el sueño o permanecer dormido; ser susceptible a arrebatos de ira; sentirse siempre en guardia o que a menudo hay peligro a la vuelta de la esquina; sobresaltarse fácilmente; sentirse nervioso; y tener problemas para concentrarse.
- Si hace un esfuerzo consciente para evitar tener conversaciones sobre los eventos traumáticos o evitar los pensamientos o sentimientos asociados con esos eventos, es una señal de evasión. Si evita activamente todos los lugares y personas que le recuerdan el evento traumático o se mantiene concentrado en evitar pensar en el trauma, esto también es un signo de evasión.

- Las señales comunes de pensamientos y creencias negativos incluyen problemas para recordar aspectos específicos del evento traumático; perder interés en actividades que alguna vez disfrutó; sentirse como un extraño; tener problemas para experimentar emociones positivas; o sentir una fuerte necesidad de apartarse de los demás.

La mayoría de estos síntomas son el mecanismo de defensa natural de su cuerpo ante el estrés que soportó durante el evento traumático. Durante el evento traumático, su cuerpo activa su respuesta de luchar o huir, una respuesta natural a cualquier situación que sea peligrosa o que se considere una amenaza. El mismo mecanismo se activa cada vez que se le recuerda el trauma que sufrió. Al comprender la respuesta natural de su cuerpo, estará mejor equipado para lidiar con cualquiera de los síntomas asociados con el TEPT.

Usar DBT para TEPT

Aquellos con TEPT a menudo luchan por manejar sus emociones de manera efectiva y constructiva, como luchan las personas con TLP. Es una de las razones por las que se usa DBT para tratar el TEPT. Si tiene trastorno de estrés postraumático, es posible que tenga problemas para formar y mantener relaciones, y también puede experimentar la necesidad de participar en acciones autodestructivas, como lastimarse deliberadamente.

Investigadores del Instituto Central de Salud Mental en Mannheim, Alemania, realizaron un estudio para explorar la efectividad del uso de DBT para tratar el TEPT. Los investigadores estudiaron el impacto de un tratamiento intensivo que combina DBT y CBT para tratar el TEPT en mujeres que sufrieron abuso sexual en su niñez. Se refirieron a este tratamiento como DBT-TEPT. Después de tres meses, los investigadores notaron que este enfoque conjunto ayudó a reducir significativamente los síntomas del TEPT como la ansiedad y la depresión. Los síntomas mostrados por los participantes todavía se reducían seis semanas después del tratamiento, y las mujeres continuaban usando las habilidades que habían aprendido para tratar el TEPT. Sin embargo, la investigación sobre DBT-TEPT aún se encuentra en sus inicios y es necesario realizar muchas investigaciones. Los hallazgos preliminares ciertamente sugieren que DBT es una excelente manera de tratar el TEPT y ofrece resultados prometedores.

Atención plena y TEPT

La atención plena se puede utilizar para tratar los síntomas asociados con el TEPT. El concepto de atención plena ha existido durante siglos, y los profesionales de la salud mental apenas ahora pueden comprender los diversos beneficios asociados con él. A las personas con TEPT les resulta sumamente difícil distanciarse de todos los recuerdos, emociones y pensamientos desagradables asociados con el trauma que sufrieron. Pueden sentirse extremadamente preocupados o distraídos por estos pensamientos. Debido a esto, las personas con TEPT tienen dificultades para concentrarse en las cosas que importan en la vida, como las relaciones personales o profesionales. No pueden disfrutar de las actividades que solían disfrutar antes de que ocurriera el trauma. La atención plena es una gran técnica que permite a estas personas volver a estar en contacto con su realidad y aprender a vivir la vida en el presente. También reduce la intensidad de las emociones o recuerdos desagradables que experimentan debido al TEPT.

No hay suficiente investigación sobre la relación entre la atención plena y el TEPT. Los profesionales de la salud mental recién han comenzado a comprender los beneficios que ofrece una terapia como la atención plena. Sin embargo, todas las investigaciones realizadas hasta ahora señalan que la atención plena puede reducir significativamente la ansiedad que siente una persona. Por lo tanto, es seguro decir que la atención plena es una forma eficaz de reducir el estrés y la ansiedad asociados con el TEPT.

En esta sección, veremos diferentes habilidades de atención plena que puede comenzar a practicar para controlar y reducir la intensidad de los síntomas del TEPT.

Ser consciente

Una de las habilidades fundamentales de la atención plena es la conciencia. Se trata de su capacidad para concentrarse solo en una cosa en un momento dado. La conciencia no solo significa darse cuenta de todas las cosas que suceden a su alrededor, también necesita ser capaz de reconocerlas y percibir todo lo que sucede dentro de usted, como sus sentimientos y pensamientos.

Otro aspecto de la conciencia es la capacidad de vivir el momento, sin entregarse a cavilaciones o preocupaciones inútiles. Si su vida es guiada por todas las emociones, pensamientos y sentimientos asociados con un trauma, se vuelve extremadamente difícil darse cuenta y participar en la vida a medida que avanza. En lugar de vivir la vida en piloto automático, guiado principalmente por su pasado, es preferible vivir el momento.

Sin juicios

Otro aspecto importante de la atención plena es evaluar su experiencia sin ningún juicio. Se conoce como observación no evaluativa. Simplemente significa que debe poder mirar las cosas de manera objetiva, sin clasificarlas como buenas o malas. Observar sin juzgar es importante para practicar la autocompasión. A menos que pueda ser compasivo consigo mismo mientras evalúa sus experiencias, no podrá cambiar sus patrones de pensamiento. Un factor importante responsable del pensamiento negativo es la autocrítica. Cuando se es compasivo con uno mismo mientras revisa cualquier incidente traumático, se puede empezar a dejar de lado cualquier recuerdo o pensamiento doloroso asociado con este.

Abrirse a nuevas experiencias

Vivir con TEPT a menudo es complicado. Todo el trauma puede impedirle explorar nuevas posibilidades presentes en la vida. A veces, puede ser difícil ver las cosas como son en lugar de permitir que las nociones preconcebidas o los sesgos guíen su juicio. Por ejemplo, si cree que no queda nada bueno en su vida, incluso cuando se presenten oportunidades brillantes frente a sus ojos, no podrá verlas. O tal vez cuando intente cambiarse a sí mismo, crea que no puede cambiar, por lo que se volverá extremadamente difícil. Si desea dejar de lado los diferentes síntomas asociados con el TEPT, es hora de abrirse a nuevas posibilidades y a todas las maravillas de la vida.

Salir de la cabeza

Sin saberlo, la mayoría de las personas con TEPT a menudo se ven atrapadas en la ansiedad o las preocupaciones y se quedan encerradas en sus propias mentes, por así decirlo. Aquí hay un ejercicio simple que puede intentar para aumentar su conciencia.

Encuentre un lugar tranquilo y póngase cómodo. Durante este ejercicio, elimine todas las distracciones y coloque su teléfono en silencio. Puede acostarse de espaldas o sentarse en una silla. Mientras esté sentado, asegúrese de mantener la espalda recta, los hombros relajados y los brazos a los lados. Simplemente cierre los ojos y centre toda su atención en su respiración. Observe cómo se siente su respiración cuando entra y sale de su cuerpo. Puede concentrarse en los aspectos físicos de la respiración: la forma en que su abdomen sube y baja al inhalar y exhalar. Además, puede colocar una mano sobre su estómago para notar este movimiento y le permitirá mantenerse conectado a tierra.

Permítase perderse en esta experiencia y concéntrese solo en su respiración. Si su mente divaga, guíela suavemente de regreso a la subida y bajada de la parte inferior del abdomen. Visualice que está montando las suaves olas de su respiración. Además, observe cómo se siente cada vez que su mente divaga, le dará una idea de las señales que debe buscar antes de ceder a cualquier distracción. Siga haciéndolo todo el tiempo que desee o hasta que se sienta tranquilo. Antes de probar este ejercicio, practique la técnica de respiración consciente. Rara vez prestamos atención a la forma en que respiramos.

Dado que la respiración es una función involuntaria, no requiere pensamiento consciente. La conciencia plena significa que debe concentrarse en su respiración para hacerla uniforme, rítmica y evitar que se vuelva superficial o rápida. Siga el ejercicio de atención plena mencionado anteriormente al menos una vez al día para mejorar su conciencia. Con el tiempo, le dará un mejor control sobre sus patrones de pensamiento y emociones.

La primera vez que intente este ejercicio, su mente podría divagar varias veces. La atención plena es como aprender a conducir. No puede dominarlo hasta que practique. Nunca se desanime si su mente comienza a divagar durante el ejercicio. Es bastante normal. Siempre que note algún pensamiento que le viene a la cabeza, anótelo y piense en él después del ejercicio. Además, no juzgue ninguno de sus pensamientos y simplemente observe.

Trate de practicar las diferentes habilidades de atención plena que se analizan en este capítulo con la mayor frecuencia posible, mientras lleva su vida diaria. Con la práctica, la atención plena le llegará de forma natural y se volverá más consciente de todas sus experiencias de vida. Lo cual, a la vez, facilitará lidiar con los síntomas del TEPT.

Capítulo catorce: Prevención de recaídas

Lapso y recaída

Recuperarse o lidiar con cualquier problema de salud mental rara vez es sencillo. El camino hacia el alivio de los síntomas pocas veces es estable y un escenario realista a menudo incluye algunos contratiempos. Estos contratiempos pueden presentarse en forma de recaídas.

Los términos lapsos y recaída pueden parecer un poco confusos y, a menudo, se usan como sinónimos, pero son bastante diferentes entre sí. Siempre que un médico describe un lapso, se refiere a una condición bastante normal. El lapso por lo general significa un breve regreso a sentirse mal o participar en pensamientos o comportamientos indeseables. Suele ser una situación temporal y es bastante común. Por otro lado, las recaídas son un poco más complicadas y más difíciles de tratar. Un lapso puede transformarse rápidamente en una recaída si no se controlan los síntomas asociados con este. Siempre que se dice que una persona ha recaído, significa que comienza a experimentar los patrones de pensamiento negativo y la evasión experimentados durante los momentos más oscuros antes de aprender a sobrellevarlos.

Lidiar con un trastorno de salud mental es muy desafiante y complejo. Incluso cuando sienta que tiene un control total sobre los síntomas asociados, el riesgo de volver a los viejos hábitos será bastante alto.

Signos de recaída

Aquí hay algunas señales de advertencia de una recaída:

- Sensación constante de tristeza o ansiedad.
- Perdida del interés en actividades que alguna vez disfrutó. La incapacidad de disfrutar de pasatiempos o de cualquier otro interés que pueda tener, incluido el sexo.
- Sentirse extremadamente agitado o inquieto sin una razón plausible.
- Incapacidad para dejar de pensar en el pasado o preocuparse por el futuro.
- Experimentar un abrumador sentimiento de culpa o inutilidad.
- Episodios inexplicables de tristeza y angustia.
- Otra señal de advertencia común que puede observar es cualquier cambio repentino en sus patrones de alimentación y apetito. Comer demasiado, atracones, comer compulsivamente o la pérdida absoluta del apetito son señales de advertencia de una recaída.
- Necesidad de retraerse y evitar todo tipo de situaciones sociales. Romper lazos y perder el contacto con amigos o seres queridos también es un signo de recaída.
- Cualquier cambio abrupto en sus patrones de sueño. Dormir muy poco, insomnio o la imposibilidad de permanecer dormido durante toda la noche son señales de advertencia que no debe ignorar.

• Los dolores de estómago inexplicables, los dolores musculares, los dolores de cabeza o cualquier otro dolor físico también pueden ser señales de advertencia.

• Si nota que tiene problemas para concentrarse o recordar cosas, podría ser un signo de la recurrencia de un trastorno de salud mental.

Si nota que tiene pensamientos suicidas o está participando en cualquier comportamiento que lo perjudique, es una señal que no debe ignorar a toda costa. Siempre que note un comportamiento de este tipo, es hora de buscar ayuda de inmediato. Si experimenta alucinaciones, disociación de la realidad o cualquier otra cosa semejante, busque ayuda médica de inmediato. Si no se controlan, estos síntomas pueden salirse de control rápidamente y convertirse en una amenaza para su vida.

Una vez que note estas señales de advertencia, puede estar atento a ellas. Tómese un tiempo y explique estas señales a sus seres queridos para que puedan alertarlo cuando parezca que se está alejando.

Potenciadores de recaídas

En esta sección, veremos los disparadores específicos que debe tener en cuenta para evitar una recaída.

Problemas de relación

Diferentes problemas en una relación también pueden ser traumáticos. No son físicamente traumáticos, pero inducen un trauma mental o emocional. Por ejemplo, un padre que se enfrenta al síndrome del nido vacío es bastante susceptible a la depresión. Por otro lado, lidiar con la muerte de un ser querido también puede desencadenar depresión. Cualquier problema en su vida amorosa puede desencadenar trastornos de ansiedad. Toda forma de trauma mental o emocional puede provocar una recaída. Cualquier evento que provoque estrés extremo debe ser tratado con mucho cuidado para su bienestar.

Dejar el tratamiento

No completar el curso del tratamiento puede desencadenar una recaída en diferentes problemas de salud mental como depresión, trastorno de estrés postraumático, esquizofrenia u otra enfermedad. Por lo general, las personas comienzan a sentirse mejor e inmediatamente dejan de tomar sus medicamentos o suspenden la psicoterapia por completo. Al hacerlo, no alcanzan la remisión y, en cambio, entran en una fase de recaída. Asegúrese de mantener un horario y estilo de vida saludables. Consuma comidas saludables y nutritivas, duerma al menos siete horas diarias, haga ejercicio regularmente, evite las personas tóxicas y manténgase alejado del alcohol o las drogas. Empiece a cuidar su salud física, y su salud emocional y mental también mejorarán.

Eventos traumáticos

Varios eventos traumáticos pueden provocar una recaída, como desastres naturales, accidentes horribles o incluso ataques terroristas. Cuando se enfrenta a tal trauma, su cerebro puede recaer en viejos patrones como mecanismo de afrontamiento. Por lo tanto, siempre que se enfrente a un evento traumático, tenga cuidado con los diferentes signos de recaída.

Adicciones

Hoy en día, las adicciones ya no se limitan al consumo de alcohol o drogas. Hay diferentes tipos de adicciones, como comer demasiado; mirar televisión en exceso; adicciones al juego; etc. Las adicciones sin duda le proporcionarán un alivio temporal de cualquier síntoma o trastorno que experimente. De hecho, es el escape perfecto de las emociones desagradables. Sin embargo, si comienza a depender de una adicción, aumenta el riesgo de recaída; podría actuar como un disparador potencial. Se cree que ver televisión en exceso es un desencadenante común de la depresión, la ansiedad y el estrés.

Ciertos cambios hormonales en las mujeres también pueden desencadenar depresión u otros trastornos emocionales. La química del cerebro que regula las emociones a menudo se ve afectada por varias hormonas. Las mujeres que se acercan a la pubertad, durante o después del embarazo, y en el momento de la perimenopausia son más susceptibles a desarrollar depresión.

Si se encuentra en alguna de estas categorías, es esencial que busque ayuda médica cada vez que observe alguno de los signos de recaída que se describen en esta sección. Ahora que conoce los diferentes factores potenciadores, es más fácil evitarlos. Siempre que note un disparador, puede actuar de inmediato y tomar medidas correctivas para evitar una recaída.

Consejos para prevenir una recaída

A continuación, presentamos algunos consejos sencillos que puede utilizar para prevenir recaídas.

Ámese a sí mismo

Siempre que note alguno de los disparadores o signos de una recaída, es hora de nutrirse. Cuidar de su bienestar general es su responsabilidad y no puede culpar a nadie más por ello. Alimentar sus sentidos es fundamental. Cuando empiece a notar algún disparador, escuche su música favorita, dedique tiempo a hacer cosas que le gusten o quizás beba un sorbo de una taza de té calmante caliente. Intente estimular el sentido del olfato y el tacto. Pase tiempo en la naturaleza y deje que lo calme. Realice algo de ejercicio físico para contrarrestar el estrés que sienta.

Diálogo interno positivo

Sostenga un diálogo interno positivo. Será propia motivación y su entrenador. Siempre que se sienta deprimido o desanimado, será hora de darse una breve charla de motivación. Recuérdese a sí mismo que lo que sea que esté experimentando en este momento es temporal y que también pasará, como todo lo demás en la vida. El hecho de que se sienta miserable en este momento no significa que siempre se sentirá miserable. Esa es la belleza de la vida; nada es constante. Por lo tanto, la próxima vez que empiece a sentirse abrumado por cualquier patrón de pensamiento negativo, reemplácelo con un diálogo interno positivo. Puede decirse algo como: «Sé que me sentiré mejor pronto» o «Simplemente estoy teniendo un mal día, mi vida no es mala».

Exteriorizar

Siempre que el estrés o cualquier otra emoción intensa se apodere de usted, es posible que experimente el deseo de aislarse. El aislamiento solo empeorará las posibilidades de una recaída. No lo provoque, en cambio, comuníquese. Si está luchando con un problema de salud mental, infórmeselo a los demás. Hable con sus seres queridos al respecto de la manera más abierta y libre posible. Infórmeles sobre cualquier problema con el que esté lidiando y bríndeles información sobre las señales de advertencia que deben tener en cuenta. No solo le hará sentir más ligero; sino que también le comprenderán mejor. Hay varios grupos de apoyo a los que puede unirse, donde es posible conocer a otras personas que están pasando por lo mismo que usted está experimentando en este momento.

Preparación

Al lidiar con un problema de salud mental, prepárese siempre para una recaída. Habrá casos en los que podría volver a caer en sus viejos patrones de pensamiento negativo y comportamientos dañinos. Si se prepara para esto, puede elaborar un plan de acción que pueda utilizar si recae. Empiece por hacer una lista de todas las diferentes señales de advertencia que pueden aparecer y luego elabore planes individuales para actuar en consecuencia. Si es necesario, no dude en consultar a un médico.

Manténgase al día con el tratamiento

Para ciertos trastornos mentales, el curso del tratamiento incluye medicación durante un período específico. Asegúrese de mantenerse al día con el tratamiento que le recetaron y no lo interrumpa. Si completa el ciclo de la medicación prescrita, reducirá significativamente el riesgo de una recaída. Después de todo, el objetivo del tratamiento es mejorar. Entonces, ¿por qué no completar el curso?

Practique la atención plena

Hasta ahora, se le dieron diferentes consejos sobre cómo puede utilizar la atención plena para tratar diversos trastornos mentales. Es hora de que empiece a practicarlo a diario y de forma constante. Ciertamente toma algo de tiempo y esfuerzo, pero valdrá la pena. Comience a agregar diferentes prácticas de atención plena a su vida diaria y mantenga una rutina. Es posible que no note un cambio de inmediato, pero eventualmente comenzará a sentirse mejor. A menos que se comprometa con DBT y practique las diferentes técnicas prescritas, no podrá notar ninguna mejora.

Modifique el enfoque de 12 pasos

El enfoque de 12 pasos se usa generalmente en programas como Alcohólicos Anónimos. Como sugiere el nombre, se siguen 12 pasos en el camino hacia la recuperación o la sobriedad. Es posible que los 12 pasos no funcionen necesariamente para DBT, pero hay ciertos aspectos de este enfoque que pueden modificarse para cumplir con los requisitos de DBT. En esta sección, veremos ciertos pasos simples que puede seguir para mejorar su capacidad de regular cualquier emoción intensa y restaurar su salud mental.

• Admita que necesita aprender a regular sus emociones. Podrá comprender la importancia de la regulación de las emociones y el daño causado por la desregulación emocional.

• Evalúese conscientemente y sin miedo a usted mismo. Realice un inventario moral de sí mismo sin ningún juicio.

• Admita ante sí mismo y ante otra persona la naturaleza de todos los errores o fechorías que ha cometido.

• Haga una lista de todas las personas a las que podría haber dañado a sabiendas o sin saberlo.

- Empiece a reparar directamente a esas personas siempre que pueda. Sin embargo, evite hacer esto si sabe que podría dañar a la otra persona.
- Siga haciendo balance de su inventario personal y admita cada equivocación.
- Concéntrese en comprender sus emociones, pensamientos y sentimientos mediante la meditación o la oración.
- Experimente un renacimiento emocional debido a todos estos pasos. Una vez que complete estos pasos, es hora de transmitir este mensaje a otras personas sobre cómo lidiar con cualquier problema de salud mental.

Cuando se trata de recaídas, hay muchos pasos que puede tomar para prevenirlas. Sin embargo, no se desanime al lidiar con una recaída. No es el fin del mundo. Logró regular sus emociones usando DBT la primera vez, y puede volver a hacerlo. Sea paciente consigo mismo y no se apresure. No espere resultados milagrosos. Sin embargo, con esfuerzo constante y tiempo, podrá ver un cambio positivo en su salud mental y emocional en general.

Conclusión

Inicialmente, la Dra. Marsha M. Linehan desarrolló la terapia conductual dialéctica como tratamiento para el trastorno límite de la personalidad. Sin embargo, DBT ahora se usa para tratar muchas condiciones de salud mental y no se limita al TLP. DBT se puede utilizar para mejorar su capacidad de manejar cualquier situación angustiosa en la vida, sin perder el control de sus emociones, su estabilidad emocional o sin recurrir a comportamientos destructivos. Es una gran técnica para rectificar la desregulación emocional.

Los principios básicos de DBT se basan en la atención plena, la tolerancia a la angustia, la regulación de las emociones y la eficacia interpersonal. Estos principios básicos son útiles cuando se trata de emociones difíciles. Ciertas situaciones en la vida no se pueden cambiar independientemente de cuánto lo intente, lo que puede ser una fuente de inmenso estrés y angustia. Aprender a lidiar con estas situaciones y salir de ellas requiere atención. La atención plena es uno de los aspectos más importantes de DBT.

La atención plena es la capacidad de vivir la vida en el momento, sin permitir que ningún pensamiento sobre el pasado o el futuro se apropie de sus patrones de pensamiento. A menos que sea consciente de sí mismo, sus emociones, pensamientos, sentimientos, acciones y la vida en general, no podrá llevar una vida feliz y libre de estrés. Aquí es donde DBT entra en escena. Para recuperar el control sobre sus emociones y mantener la estabilidad emocional, debe comprometerse. La salud no se limita solo a su bienestar físico; también incluye su bienestar mental y emocional. A menos que estos tres aspectos de su salud estén en equilibrio, no podrá alcanzar la paz mental.

En esta guía, se le proporcionó la información necesaria para desarrollar y mejorar habilidades importantes que le ayudarán a concentrarse en su estado actual, al tiempo que reducen el estrés, las preocupaciones y el trastorno de estrés postraumático. También se le proporcionó información sobre cómo contrarrestar eficazmente cualquier comportamiento impulsivo utilizando DBT y consejos para lidiar con situaciones extremadamente estresantes en la vida.

Las técnicas y consejos que se dan en este libro son fáciles de entender y de seguir. Todos los consejos fueron seleccionados para ayudarlo a permanecer en el momento presente, aumentar la comprensión de sus emociones, entender su verdadero yo y frenar los comportamientos impulsivos. Puede hacer todo esto incluso en momentos de angustia. Todas las técnicas de este libro ayudarán a mejorar la capacidad para regular sus emociones, mientras promueven su salud mental y emocional.

La clave de su bienestar emocional y mental está en sus manos. El primer paso para recuperar el control de sus emociones es DBT. Un poco de constancia y esfuerzo es todo lo que se necesita para dominar las diferentes técnicas de DBT y la atención plena sugeridas en este libro. Una vez que comience a seguir estas técnicas, notará un cambio positivo en su salud emocional. ¿Entonces, qué espera? No hay mejor momento que el presente para empezar.

¡Gracias y los mejores deseos!

Fuentes

https://www.youtube.com/watch?v=wRBw_Iti3Ww

https://www.verywellmind.com/dialectical-behavior-therapy-1067402

https://www.youtube.com/watch?v=ftL7l4KiHag&t=410s

https://bayareadbtcc.com/mindfulness-in-dbt/

https://www.pasadenavilla.com/2019/07/22/mental-v-emotional-health-related/

https://www.webmd.com/mental-health/mental-health-types-illness#1

https://en.wikipedia.org/wiki/Emotional_and_behavioral_disorders

https://www.mayoclinic.org/diseases-conditions/mental-illness/symptoms-causes/syc-20374968

https://www.healthline.com/nutrition/anxiety-disorder-symptoms#section2

https://www.healthline.com/health/depression/recognizing-symptoms

https://www.goodtherapy.org/blog/how-to-create-achievable-goals-for-your-mental-wellness-0822164

https://www.talkspace.com/blog/set-mental-health-goals/

https://anxietyreliefproject.com/managing-anxiety-dialectical-behavior-therapy-dbt/

https://www.anxiety.org/dbt-dialectical-behavior-therapy-compared-to-cbt

https://psychcentral.com/blog/3-dbt-skills-everyone-can-benefit-from/

https://www.behavioralwellnessgroup.com/index.php/articles/125-ten-dbt-techniques-for-anxiety

https://www.clearviewwomenscenter.com/blog/treat-depression-dbt/

https://positivepsychology.com/emotion-regulation-worksheets-strategies-dbt-skills/

https://www.youtube.com/watch?v=lXFYV8L3sHQ

https://www.borderlinepersonalitytreatment.com/dbt-skills-workplace.html

https://www.huffpost.com/entry/managing-work-stress_n_3454501

https://thriveglobal.com/stories/10-ways-to-practice-mindfulness-at-work/

https://www.youtube.com/watch?v=zPopjuKuweg

https://www.verywellmind.com/dialectical-behavior-therapy-dbt-for-bpd-425454

https://www.youtube.com/watch?v=RPgvG13tfAc

https://www.youtube.com/watch?v=aeQwtgFkguU

https://www.getselfhelp.co.uk/distresstolerance.htm

https://www.youtube.com/watch?v=yyH1JLZcVR8

https://www.youtube.com/watch?v=CBopCkdBwsk

https://www.sunrisertc.com/distress-tolerance-skills/

https://www.youtube.com/watch?v=ftL7l4KiHag

https://www.mindful.org/mindfulness-meditation-anxiety/

https://www.intrusivethoughts.org/?topic=mindfulness

https://www.verywellmind.com/relaxation-is-an-essential-ocd-self-help-technique-2510635

https://adaa.org/understanding-anxiety/panic-disorder-agoraphobia/symptoms

https://www.youtube.com/watch?v=_EbqcVH9eVg

https://www.healthline.com/health/how-to-stop-a-panic-attack#close-eyes

https://tinybuddha.com/blog/beat-panic-attacks-3-simple-mindfulness-techniques/

https://www.verywellmind.com/using-mindfulness-for-ptsd-2797588#

https://www.verywellmind.com/dbt-for-ptsd-2797652

https://www.helpguide.org/articles/ptsd-trauma/ptsd-symptoms-self-help-treatment.htm

https://www.verywellmind.com/coping-with-flashbacks-2797574

https://www.medicalnewstoday.com/articles/320269.php

https://www.everydayhealth.com/hs/major-depression-health-wellbeing/factors-can-trigger-depression-relapse/

https://vocal.media/psyche/skills-to-prevent-relapse

https://www.mentalhelp.net/addiction/treatment/mindfulness-based-relapse-prevention-mbrp/

www.ingramcontent.com/pod-product-compliance
Lightning Source LLC
Chambersburg PA
CBHW070800300326
41914CB00053B/753